박용우 박사의
스위치온 다이어트 레시피북

박용우 박사의
스위치온 다이어트 레시피북
살찌지 않는 건강한 몸으로 되돌리는 4주 다이어트 식단

SWITCH-ON

비만 명의 박용우 박사가
직접 먹고 검증한
다이어트 집밥 64가지

박용우 · 김영아 지음

루미너스
LUMINOUS

PROLOGUE

건강과 맛, 두 가지를 동시에 챙긴
다이어트 집밥을 소개합니다

　스위치온 다이어트는 대사이상체중을 건강한 정상체중으로 되돌리는 일종의 '치료' 프로그램입니다. 망가진 신진대사를 바로잡아 건강한 몸을 되찾도록 돕는 프로그램으로서 단순한 다이어트를 넘어 체질 전환을 목표로 합니다.

　몸이 바뀌려면 적게 먹어선 안 되고 무조건 잘 챙겨 먹어야 합니다. 포만감 있게 잘 먹어서 몸의 대사 시스템을 근본적으로 개선해야 해결됩니다. 적게 먹고 운동해야 살이 빠진다고 알고 있던 사람들에게 '배고프지 않게 잘 챙겨 먹어서 망가진 몸을 회복시키는 게 우선'이라는 논리는 조금 생뚱맞을 수 있지요.

　약 480년 전, 지동설을 주장했던 코페르니쿠스를 떠올려봅시다. 동쪽에서 떠서 서쪽으로 지는 태양을 바라보면서 지구를 중심으로 태양이 움직인다는 천동설을 믿었던 사람들에게 코페르니쿠스는 태양을 중심으로 지구가 돌아간다고 주장했습니다. 사람들은 손가락질하며 이상한 사람이라 여겼지만, 그의 말은 틀리지 않았습니다.

　뚱뚱한 사람들을 보면 많이 먹습니다. 운동하는 걸 힘들어하고 많이 안 움직입니다. 그러니 '많이 먹고 운동 안 해서 뚱뚱해졌다'라는 진단이 나오고, 처방은 칼로리를 계산해서 적게 먹고 더 많이 움직이는 걸로 내려집니다.

　그런데 뚱뚱해진 것은 많이 먹고 안 움직여서가 아니라고 말하는 사람이 있다면 어떨까요. 비만은 지방간과 인슐린 저항성 등 몸속 대사이상의 결과물이고, 몸이 망가졌기 때문에 평소보다 더 많이 먹는 증상과 평소보다 안 움직이려는 증상이 나타나는 것이라고 주장하는 사람이 있다면요? 대사이상으로 망가진 몸을 회복시키는 게 치료이고, 따라서 건강한 음식을 배불리 먹으면서 간헐적 단식을 하는 것이 치료라고 주장한다면?

당연한 것으로 받아들였던 기존 다이어트의 상식을 깬, 다이어트 패러다임의 전환이 바로 '스위치온 다이어트 4주 프로그램'입니다.

수많은 후기가 증명한 스위치온 효과들

"스위치온 다이어트 해봤니?"
"우리 부서에서는 직원들이 단체로 프로그램을 한 달간 실천했어."

가히 열풍이라 할 만큼 스위치온 다이어트 바람이 거셉니다. 일종의 챌린지처럼 '4주 루틴'이 유행하면서 온라인에서는 자신의 성공 경험을 남긴 댓글들을 많이 보게 됩니다.

다이어트는 유행에 민감합니다. 사람들 입에 오르내리면서 빠르게 퍼져 나갑니다. 그러다 효과가 없는 것이 확인되면 슬며시 사라집니다. 스위치온 다이어트는 같은 이름(《지방 대사 켜는 스위치온 다이어트》)으로 책이 출간된 게 2018년이니 어느 날 갑자기 툭 튀어나온 유행 다이어트는 아닙니다. 2024년 《내 몸 혁명》 출간과 함께 유튜브와 소셜미디어 등 다양한 매체에 4주 프로그램이 소개되었는데, 이때 이미 스위치온 다이어트를 경험했던 사람들의 성공담까지 쏟아져 나오면서 큰 반향을 일으키게 되었습니다. 올해에도 이 흐름이 이어질지는 지켜봐야 하겠지만 지금의 추세라면 조금은 더 갈 듯 보입니다.

강연장에서 만난 어떤 여성분은 스위치온 다이어트로 50kg을 감량했다고 해서 놀란 적이 있습니다. 그뿐만 아니라 "먹던 고혈압약을 끊게 되었다", "지방간 수치가 정상으로 돌아왔다", "혈당 수치가 좋아졌다", "갱년기 증상이 사라졌다" 등등 긍정적인 변화의 말들을 많이 전해 듣고 있습니다. 건강을 되찾은 분들에게 진심으로 축하의 박수를 보냅니다. 다음에 또 도전하게 된다면 그때는 처음보다 수월하게, 더 나은 결과를 얻을 수 있을 것입니다.

박사님의 다이어트 식단이 궁금해요

나는 매년 1월 한 달 스위치온 다이어트를 몸소 실천하고 있습니다. 2024년에는 유행을 타고 있는 스위치온 다이어트를 조금 더 알리기 위해 1월에 이어 8월에도 한 달간 시행했습니다. 이때 소셜미디어에 식단을 올렸는데 많은 사람이 관심 갖는 것을 보고 스위치온 다이어트를 시행하는 데 도움을 줄 수 있는 레시피북을 생각하게 되었습니다.

스위치온 다이어트에서는 금기식품과 허용식품을 나누어 금기식품은 다이어트 기간 동안 철저히 끊고 허용식품은 배불리 섭취하도록 권합니다. 그런데 막상 실천하려고 하니 어떤 음식을 얼마나 먹어야 하는지 궁금증이 많이 생기나 봅니다. 댓글들을 보면 "이 음식 먹어도 되나요?" 하는 질문이 엄청 많습니다. 매 끼니 단백질 음식을 강조하는데 한 번에 몇 그램 먹어야 하는지, 탄수화물 섭취를 조절해야 한다고 하는데 하루 허용량이 몇 그램인지 등을 묻는 구체적인 질문도 적지 않았습니다. "건강한 음식을 챙겨 먹으려 하니까 정말 먹을 게 없어요" 하는 푸념 섞인 말도 많이 들었습니다.

그래서 이번에 매년 스위치온 다이어트를 시행하면서 수십 년간 먹어온 박용우 집밥 레시피를 소개해보려 합니다. 일단 이 책에 소개된 음식들은 어디서든 구할 수 있는 흔한 재료를 사용했습니다. 게다가 쉽게 만들 수 있고 맛있어서 배불리 먹게 됩니다. 이렇게 건강하고 맛있는 음식을 배부르게 먹는다면 다이어트가 즐거워지지 않을까요?

다이어트하기 가장 좋은 때는 바로 지금!

다이어트가 스트레스가 되어선 안 됩니다. 그래서 저칼로리 다이어트는 무조건 탈락입니다. 정신적, 신체적 스트레스를 주기 때문입니다. 배고프지 않게 먹어서 몸에 스트레스를 주지 말아야 합니다. 금기음식을 못 먹게 하는 게 스트레스라고요? 평생 먹지 말라고 하면 스트레스겠지만 '치료 기간 중'에만 먹지 않는 것인데 내 몸을 위해 그 정도는 할 수 있지 않을까요.

병원에 입원해 있으면 제약이 많습니다. 항생제 같은 약물치료를 하게 되면 술은 무조건 끊어야 하고, 먹지 말아야 할 음식들도 많습니다. 하지만 우리는 의사의 처방대로 따릅니다. 그렇게 해야 내 병이 낫고 건강해진다는 것을 알기 때문이지요.

마찬가지로 한 달만 금기음식을 참으면 대사이상인 몸이 건강한 몸으로 바뀌는데 그 한 달을 참지 못하고 중도에 포기한다면 조금 아쉽지 않을까요. 특히 고당질의 초가공식품의 경우 중독성이 강해 끊기도 쉽지 않지만, 한 번 입에 대면 다시 끊기가 더 어려워집니다. 중독성 강한 음식에서 멀어지는 방법은 일정 기간 끊는 수밖에 달리 방법이 없습니다.

나중에 마음의 준비가 되면 하겠다고요? 차일피일 미룰 때가 아닙니다. 매일매일 망가져가는 내 몸을 언제까지 방치해둘 건가요. 지금 '치료'에 돌입하지 않으면 몸은 더 망가져 상황이 점점 더 어려워집니다.

더 늦기 전에, 《스위치온 다이어트 레시피북》과 함께 건강과 맛, 두 마리 토끼를 동시에 잡으면서 즐겁게 다이어트를 시작해보면 어떨까요?

모두들 파이팅!!

박용우

내 몸의 건강 스위치를 켠 사람들
"스위치온 다이어트로 나는 이렇게 달라졌다!"

사람들은 어떤 계기로 스위치온 다이어트를 하게 되었는지, 그래서 어떻게 변화되었는지 궁금한 분들을 위해 후기를 소개합니다. 누군가의 앞선 경험은 비슷한 고민을 가진 분들에게 좋은 참고가 될 것입니다.

이런 배부른 다이어트는 첨이에요!

> 8일 차 3.2kg 빠졌습니다! 도시락까지 싸서 다니며 주변 지인에게 적극 추천하는 중입니다. 다들 책 읽으며 같이 공부하고 같이 다이어트 중이에요. 너무 재미나고 배불러요. 인생 다이어트 찾았습니다.
>
> @마요-o6l

약을 권하던 담당 의사도 놀랐습니다

> 처음엔 반신반의하면서 시작했습니다. 혈압 149, 공복혈당 189, 간 수치도 높은 상태였지요. 그런데 스위치온을 한 후 다시 한 혈액검사에서는 약을 권했던 담당 의사도, 약을 거부했던 저도 놀랄 만한 결과가 나왔습니다. 한 달 반 만에 전부 다 정상 수치가 되었거든요. 체중은 아직 정상 범위가 아니라서 이제 체중만 한 번 더 공략해볼 생각입니다. 감사합니다, 박사님! 지금은 유지기라 주말에 치팅 비슷한 것도 합니다. 따뜻한 봄이 오면 스위치온 다시 시작입니다!
>
> @꿈꾸는고래-i4z

근육은 그대로 체지방만 7kg 감량

캐나다에서 거주 중인 40대 후반 여성이에요. 《내 몸 혁명》 책도 읽고 단백질도 사서 한 달간 스위치온 다이어트를 했고, 2개월 유지기 후에 한 번 더 시행했습니다. 그 결과 체지방만 7kg 감량했어요(160cm, 59kg->52kg)! 또 고지혈증 진단을 받았었는데 정상으로 돌아왔습니다. 효과를 눈으로 확인하니 신뢰라기보다 '신봉'하게 되네요.^^ 진심으로 감사드립니다.

@monicakim3436

2주 만에 8kg 감량, '미션 클리어'의 재미!

먹고 싶은 건 마음대로 먹고 운동만 열심히 하는 근육형비만입니다. 평생 식사 조절을 해본 적이 없었는데 체중을 위한 다이어트가 아니라 건강한 몸을 만드는 다이어트를 하라는 교수님의 논리가 너무 좋아서 하게 되었습니다. 그런데 제 몸에 마법 같은 일이 일어나고 있네요!!! 2주가 채 안 되었는데 현재 8kg 조금 넘게 빠졌어요. 눈에 띄게 몸이 변화되고 수치로 증명되니까 더 할 맛 납니다. 맨 처음 3일만 많이 힘들었고 이후에는 '미션 달성' 하는 것 같아 재미있었습니다. 음식들도 꽤 맛있어서 너무 행복한 다이어트를 하고 있어요. 4주 끝나자마자 가장 좋아하는 라면 1개 끓여 먹을 겁니다.ㅎㅎ

@yunearth

우리 부부의 만성피로가 사라졌어요

한 달 동안 남편은 10kg, 저는 4kg 정도 감량했어요. 스위치온 하고 나서 둘 다 만성피로가 사라져서 그런지 짜증도 덜 내고, 부지런하게 움직이게 돼서 사이도 더 좋아졌습니다. 주변 사람들한테 스위치온 추천하며 다니고 있어요. 너무 만족스러워서 한 번 더 도전 중입니다.

@릴리즈-y1s

몸무게는 그대로지만 바지는 헐렁해요

> 50대 58kg인데 체지방량 과다에 근육량 표준 이하라 시작했습니다. 4주 후 몸무게는 그대로이지만 '근육량 표준, 체지방량 표준'이라는 성과를 거뒀어요. 몸무게는 그대로지만 바지는 헐렁해요.

@현영김-p3g

4개월 동안 34kg 감량한 남편, 정말 대단해요!

> 안녕하세요, 박사님! 저희 남편이 113.6kg으로 지난 달 25일 스위치온을 시작한 후 오늘 99.6kg을 찍었습니다. 이 중 체지방만 거의 12kg을 감량했습니다. 큰형께서 스위치온 성공 후 남편에게 권하여 시작하게 되었는데, 4주 동안 14시간 공복을 단 한 번도 어긴 적이 없으며 허용음식 안에서 특히 두부와 들기름을 많이 섭취하였습니다. 술은 단 한 번도 마시지 않았으며 주 5~6일 운동도 꾸준히 이행했습니다. 체중보다는 건강한 몸이 되는 게 중요하다고 누누이 말씀하셨지만, 막상 두 자릿수가 된 몸무게를 보니 욕심이 생겨 10kg 추가 감량해 유지기를 보내겠다고 하더군요. 오늘 점심도 일반식으로 두부, 미역국 등 먹고 싶은 음식으로 스트레스 없이 잘 먹었답니다. 최근 코도 덜 골고 피부도 밝아지고 무엇보다 표정에 자신감이 보여서 저희 가족 모두 행복해하는 중입니다. 저 또한 《내 몸 혁명》을 읽은 후 건강한 몸으로 사는 삶에 관심이 생기는 중입니다. 좋은 정보로 대한민국 국민 여럿 살리시는 박사님께 존경과 감사의 말씀을 전합니다. 더 감량 후 또 올리겠습니다. 진심으로 감사드립니다!

@kihyunkim1441

> 안녕하세요! 최근까지도 저희 남편이 스위치온을 진행 중인데요, 근황 알려드려요. 현재 79.4kg으로 4개월 지난 지금 총 34kg 정도 감량했습니다. 요즘은 개인 PT를 받으면서 몸 만드는 데 집중하고 있어요. 4개월 동안 고생한 남편 너무 대단해요!

@kihyunkim1441

혈당, 당화혈색소, 콜레스테롤 수치, 지방간 모두 정상 수준으로 회복되었습니다

동생이랑 같이 6월 중순부터 7월 중순까지 딱 한 달 프로젝트 성공했습니다! 예외 없이 완벽한 실천이 100이라면 저희는 90 정도로 했는데, 둘 다 체중은 7kg씩 빠지고 시작 무렵 했던 피검사에서 높게 나온 혈당, 당화혈색소, 콜레스테롤 수치, 지방간 등도 거의 다 정상 수준으로 돌아왔습니다. 인바디 검사도 시작 전과 4주 끝난 다음 날 오전 바로 체크했는데 체중 7kg 중 6kg이 체지방 감량으로 나와서 박용우 선생님께 랜선으로나마 너무너무 감사하게 생각하고 있습니다.

살면서 처음 해본 다이어트였고 처음 해본 건강관리였는데 실제 데이터를 보면서 하니 몸의 변화 과정이 더 정확하게 와닿는 것 같습니다. '이렇게 하면 성공하는구나!'라는 걸 확 느꼈습니다. 유지기에는 맛있는 것도 먹고 간혹 술도 마시겠지만, 이번 성공 경험이 몸의 DNA에 남아 있기 때문에 언제 다시 하더라도 스트레스 없이 또 성공할 거라는 확신이 듭니다.

마른 비만인 분들에게도 유용한 프로그램이라 생각합니다. 주변에 가족, 친척, 친구들, 좋은 사람들에게 권유해주면 참 좋을 것 같습니다. 병원 가서 돈 내고 처방을 받아도 이렇게 하기 쉽지 않을 것 같은데, 퀄리티 높은 영상과 책으로 이런 귀한 처방을 널리 알려주셔서 진심으로 감사합니다. 정말 너무 감사해서 긴 후기 남깁니다.

@빠운드케잌

폐경기에도 효과가 있네요

9월, 11월 다이어트 한 후 총 4.5kg 감량했습니다. 근육량 조금 늘어나고, 체지방 줄어들고, 신진대사 많이 떨어져서 오늘부터 잘 챙겨 먹으려고 합니다. 폐경기인데도 열심히 하니까 몸무게도 줄고, 혈압도 다시 정상으로 돌아왔어요. 감사합니다!

@soojinoh1636

3주 차인데 너무 안 힘들어서 이래도 되나 싶어요

56kg으로 시작했고 지금 52kg인데 몸무게 준 것보다 몸이 가벼워지고 잠도 잘 와서 좋습니다. 완전 건강해지는 느낌이에요.

@여정-v3q

스위치온 진짜 미쳤네요!

7주 차로 프로그램 끝냈는데, 저는 -12kg, 와이프는 -5kg 성공했습니다. 그동안 운동량 늘리고 식단 빡세게 해도 몸무게가 꼼짝도 안 하더니 스위치온 시작하고 첫 주 만에 6kg이 빠져서 깜짝 놀랐습니다. 이제는 먹고 싶은 거 먹어도 속이 편안하고 몸무게 변화도 없어서 너무 좋아요. 모두들 당장 시작하세요.

@dongsanmat11

50대 중반에 다시 20대로 돌아간 기분

3고(고혈압, 고혈당, 고지혈증) 50대 중반 직장 여성입니다. 5개월 전 선생님 영상을 보게 되었고, 동료 3명과 함께 다이어트를 하게 되었습니다. 박용우 선생님의 식단과 《내 몸 혁명》 책을 구매해 정독하면서 다이어트에 집중했어요. 그 결과, 저는 15kg 감량에 성공했고, 직장 동료들도 모두 7kg 이상 감량했습니다. 3고를 모두 가졌던 우리는 다 정상이 되었고, 무엇보다 건강해지니까 20대가 된 것 같은 착각(!)이 들면서 모든 일에 자신감이 생기고, 하루하루가 넘 즐겁습니다. 이제는 매일 근력운동과 유산소운동을 병행하는 게 습관이 되어버렸어요. 덕분에 60대 이후 삶의 목표가 생겼습니다. 인생의 터닝 포인트를 만들어주셔서 진심으로 감사해요. ♥

@정은경-t8k

식단만으로도 10kg이 빠졌습니다!

댓글 잘 안 다는 편인데… 적게 먹고 운동도 많이 했던 지난 다이어트 때는 살도 잘 안 빠지고 요요도 금방 왔었는데 4주 프로그램을 진행하면서 93kg에서 83kg까지, 정확히 25일 만에 달성했습니다. 대략 2~3년간 90kg 중반대를 유지하고 살 뺄 필요성을 못 느끼다 아이가 생기고 나서야 결심한 거거든요. 직장 다니느라 운동은 거의 못 하고 식단만 했는데도 좋은 효과를 봤네요. 지나치기엔 많은 도움을 받아 댓글 적고 갑니다. 감사합니다, 박사님!

@YiseoYijun

암 환자인데 스위치온 덕분에 체력이 좋아졌어요

3번째 하고 있는 중인데요, 10kg 넘게 빠졌습니다. 열심히 하면 더 많이 빠지는 것 같아요.^^ 선생님 덕분에 인생이 바뀌었어요. 암에 걸린 뒤로 계속해서 살이 쪄서 굶기도 해보고 1일 1식도 해보고 18:6도 했지만 요요만 오더라고요.ㅠ.ㅠ 잘 먹어서 체력도 좋아지고 피곤해서 입에 달고 살던 빵과 음료수, 과자도 덜 먹게 됐습니다. 너무 감사합니다.

@내안에서

살도 빠지고 입맛도 건강해지고

스위치온 다이어트가 좋은 건 살만 빠지는 게 아니라 건강한 식습관으로 바뀌게 됨. 옛날에 몰상식하게 먹었던 것들을 절제할 수 있는 힘이 생기고, 클린 식단이 맛있어진다는 신기한 경험을 하게 됨!

@해해-i1d

고혈압, 두통, 어지럼증이 사라졌어요

40대이고 고혈압 전단계에다 두통과 어지럼증이 있었어요. 스위치온을 두 달째 진행 중인데 근육량은 유지하고 체지방만 7kg 감량했네요. 혈압도 정상으로 돌아왔고 어지럼증도 거의 사라졌어요. 콜레스테롤도 높은 편인데 건강검진 때 정상 수치로 좋아졌길 기대하고 있습니다. 효과가 너무 좋아서 70대 고혈압이신 엄마에게도 추천해 지금 3주차째 진행 중이세요. 처음엔 식단이랑 시간 지켜 먹는 것을 좀 어려워하셨는데 이제는 옆에서 안 챙겨드려도 척척 잘하고 계신답니다. 인바디를 재보지 않으셨지만 몸무게는 4kg 정도 감량하셨어요. 엄마가 고혈압약 안 먹어도 되는 날이 오길 기대하며 같이 열심히 해보겠습니다. 저는 무엇보다 건강해져서 너무 행복합니다. 스위치온이란 프로그램을 알려주셔서 너무 감사합니다. 앞으로도 열심히 킵 고잉하겠습니다.^^

@dongsanmat11

CONTENTS

프롤로그
건강과 맛, 두 가지를 동시에 챙긴 다이어트 집밥을 소개합니다 • 4

내 몸의 건강 스위치를 켠 사람들
"스위치온 다이어트로 나는 이렇게 달라졌다!" • 10

PART 1

살찌지 않는 건강한 몸으로 되돌리는
스위치온 다이어트

당신의 다이어트가 늘 실패하는 이유 • 22

스위치온 다이어트의 6가지 식단 포인트
1 칼로리를 계산하지 않는다 • 23
2 금기음식을 철저히 배제한다 • 25
3 건강에 유익한 음식을 포만감 있게 먹는다 • 31
4 단백질강화 식사대용식(단백질셰이크)을 활용한다 • 33
5 간헐적 단식이 반드시 포함되어야 한다 • 34
6 한 달이면 충분하다 • 36

스위치온 다이어트 4주 실천 지침

1주 차	DAY1~DAY3	도입기 • 40	
	DAY4~DAY7	도입기 • 42	
2주 차	DAY8~DAY14	가속기 • 46	
3주 차	DAY15~DAY21	진행기 • 50	
4주 차	DAY22~DAY28	안정기 • 54	

스페셜 페이지

식품, 영양, 다이어트 고민 해결까지
스위치온 다이어트 Q&A 22 • 58

PART 2

다이어트가 즐거워지는
맛있는 한 끼 레시피

이 책에 소개된 레시피의 특징 • 73

레시피에 사용하는 추천 시판 제품들 • 75

1주차

- 오리엔탈 드레싱의 두부면 샐러드 • 78
- 된장 들기름 드레싱의 두부 샐러드 • 80
- 들기름 드레싱의 두부 샐러드 • 82
- 요거트 드레싱의 지중해식 샐러드 • 84
- 포두부 쌈무말이 • 86
- 들기름 해초국수 • 88
- 청포묵 들기름구이와 채소무침 • 90
- 채소볶음을 올린 두부 스테이크 • 92
- 두부 양배추 오믈렛 • 94
- 시금치와 버섯 해산물볶음 • 96
- 밥 없는 볶음밥 • 98
- 밥 없는 건강 김밥 • 100
- 연어 포케 • 102
- 콩단백 고기 채소볶음 • 104
- 대구살 새우 배추찜 • 106
- 매콤 닭다리살 채소볶음 • 108
- 손쉬운 닭곰탕 • 110

2주 차

땅콩버터 요거트 드레싱과 채소 닭가슴살쌈 • 112
포두부 낫토쌈 • 114
굴 미나리무침 • 116
참치 낫토 비빔밥 • 118
해물 순두부 달걀탕 • 120
배추 무 도토리전 • 122
버미셀리 해산물 잡채 • 124
두부면 팟타이 • 126
닭다리살 대파 두부면 파스타 • 128
명란 두부면 파스타 • 130
들깨 순두부 해초국수 • 132
된장 돼지고기 배추찜 • 134
시금치 크림소스의 대구 스테이크 • 136
마늘 버섯밥 • 138
보리와 오트밀을 이용한 버섯 리소토 • 140
무 굴밥 • 142
참치 두부덮밥 • 144
미나리 문어덮밥 • 146

3~4주 차

발사믹 올리브 드레싱의 보리 샐러드 • 148
요거트 드레싱의 연어 샐러드 • 150
문어 연어 세비체 • 152
루꼴라 달걀피자 • 154
들기름 닭가슴살 메밀면 • 156
두부 달걀 그라탱 • 158
채소 듬뿍 참치 두부전 • 160
시금치를 곁들인 닭다리살 스테이크 • 162
고추장 돼지고기 배추말이쌈 • 164
돼지목살 된장구이와 채소무침 • 166
두유면 김치 비빔국수 • 168
참치 두부면 고추장 파스타 • 170
해물 들깨 옹심이 • 172
굴 매생이 떡국 • 174
닭안심 카레볶음밥 • 176
중국풍 해물덮밥 • 178
태국식 새우커리 • 180
구운 마늘과 스테이크 덮밥 • 182
고등어구이를 올린 해초밥 • 184
된장 가지덮밥 • 186
콩나물 김치밥 • 188
우거지 비지찌개 • 190

유지기

골뱅이 비빔 해초면 • 192
깻잎 육전과 미나리무침 • 194
채소 고기말이찜 • 196
가지 참치 라자냐 • 198
돼지고기 된장라면 • 200
페퍼 새우 • 202
닭다리살 묵은지 볶음탕 • 204

스페셜 페이지

건강하고 맛있는 단백질셰이크&스무디 레시피 6

블루베리 셰이크 · 208
아이스 바나나 셰이크 · 208
아보카도 블루베리 셰이크 · 210
바나나 아보카도 스무디 · 210
블루베리 요거트 셰이크 · 212
블루베리 요거트 아이스크림 · 212

PART 3

4주 프로그램 후
건강한 라이프스타일 유지하기

다시 일상으로 돌아가기 · 216
두 번째 도전을 하고 싶다면 · 219
과식하지 않는 식습관 들이는 법 · 222
건강하게 과일을 먹는 요령 · 224

부록

한눈에 보는 스위치온 4주 식단표

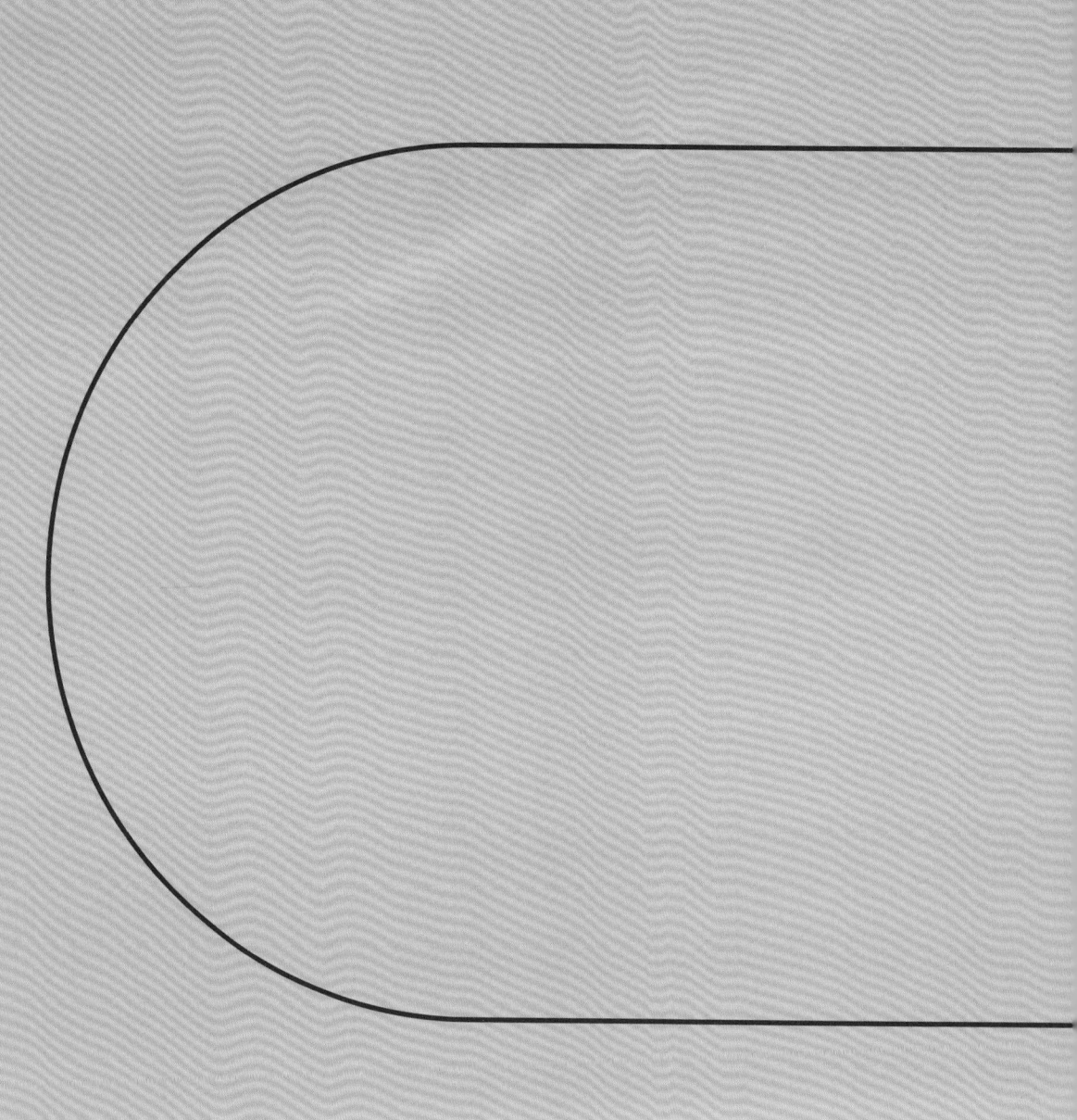

PART 1

살찌지 않는 건강한 몸으로 되돌리는 스위치온 다이어트

체중계 눈금이 목표가 아니라 '건강한 몸'이 목표가 되어야 합니다.
식이섬유와 단백질이 풍부한 건강식으로 몸을 회복시키고 좋은 탄수화물,
건강한 지방을 먹고 에너지를 태워야 합니다.
그래야 망가진 신진대사가 회복되면서 체지방이 빠집니다.

당신의 다이어트가
늘 실패하는 이유

비만 치료를 오랫동안 해오면서 가장 안타까운 것이 체중계 눈금에 집착한 나머지 의도적으로 굶거나 적게 먹으려 하는 사람들이 많다는 점입니다. 잘 챙겨 먹어야 한다는 점을 강조해도 사람들은 '그렇게 먹으면 살이 빠질까?' 하는 의구심을 떨쳐내지 못합니다.

지속적으로 적게 먹는 다이어트는 안정시대사율을 떨어뜨리고 골격근 손실을 가져오기 때문에 결국 요요현상이 발생합니다. 그래서 처음 다이어트를 시작할 때보다 체중이 더 많이 늘어나는 부작용을 겪게 됩니다.

다이어트의 패러다임이 바뀌어야 합니다. 체중계 눈금이 목표가 아니라 '건강한 몸'이 목표가 되어야 합니다. 배가 나오고 살이 쪘다는 것은 내 몸에 대사이상이 생겼다는 걸 알려주는 증상입니다. 대사이상이 생긴 몸을 건강하게 만들어야 하는데 적게 먹으면 원하는 결과가 나올 수 있을까요?

내가 먹은 음식이 내가 됩니다. 식이섬유와 단백질이 풍부한 건강식으로 몸을 회복시키고 좋은 탄수화물, 건강한 지방을 섭취해 에너지를 태워야 합니다. 그래야 망가진 신진대사가 회복되면서 몸이 건강해집니다. 음식 섭취도 중요하지만 주 4회 이상의 규칙적인 운동과 7시간 이상의 숙면도 치료제로 반드시 포함되어야 합니다.

먹고 살기 빠듯하고 바쁜 일상에서 규칙적인 운동과 하루 7시간 이상의 숙면이 쉽지는 않습니다. 그래서 한 달간 집중해보자는 것입니다. 금기음식을 철저히 끊고 건강한 음식을 배불리 먹으면서 간헐적 단식, 운동, 숙면으로 몸을 회복시킨다면 한 달 후에는 깜짝 놀랄 만한 결과가 여러분을 기다리고 있을 것입니다.

스위치온 다이어트의
6가지 식단 포인트

지방간, 인슐린 저항성, 렙틴 저항성, 만성염증, 탄수화물 중독에 빠진 몸은 체중 증가, 허리둘레 증가, 혈압 상승, 혈당 상승, 콜레스테롤 상승 등의 징후가 나타납니다. 몸이 망가져서, 건강하지 않아서 살이 찌는 증상이 생긴 것이기 때문에 단순히 식사량만 줄인 저칼로리 다이어트로는 치료가 되지 않습니다.

다이어트는 평생 해야 한다고요? 평생 해야 하는 치료가 있을까요? 평생 약을 복용해야 하는 고혈압 치료, 당뇨병 치료는 치료가 아니라 '관리'입니다. 다시 예전의 건강한 몸으로 돌아가야 제대로 된 치료라고 할 수 있습니다.

스위치온 다이어트는 지방간, 인슐린 저항성 등의 대사이상을 '치료'하는 프로그램입니다. 한 달만 집중해서 실천하면 얼마든지 건강한 몸으로 되돌릴 수 있습니다.

그럼, 스위치온 다이어트의 특징을 간략히 소개해볼게요.

1. 칼로리를 계산하지 않는다

이 책에는 칼로리가 보이지 않을 겁니다. 건강한 몸으로 되돌리는 다이어트에는 칼로리보다 더 중요한 '영양소'의 개념이 들어가야 합니다. 칼로리가 높더라도 건강에 유익한 음식은 많이 섭취해도 됩니다. 반면, 칼로리가 낮더라도 건강에 도움이 되지 않는 음식은 권장하지 않습니다. 한마디로 건강에 좋은 음식은 잘 챙겨 먹고 건강에 유해한 음식은 철저히 피하면 됩니다.

그럼에도 칼로리를 제한해야 체중이 줄어든다는 굳건한 믿음을 가진 분들이 많습니다. 병의원을 찾아가면 아직도 저칼로리 다이어트로 적게 먹고 유산소운동을 해야 체중이 줄어든다고 가르치는 전문가들도 많고요. 무조건 실패하고 100% 요요현상이 찾아옵니다.

앞에서도 말했듯, 지속적으로 칼로리를 제한해서 배고픈 다이어트를 하게 되면 안정시대사율이 떨어집니다. 근육 손실도 피할 수 없습니다. 무엇보다 정신적, 신체적 스트레스가 지속되면서 결국 과식과 폭식으로 이어질 수밖에 없습니다. 여러분의 의지력 부족 탓이 아닙니다. 잘못된 다이어트의 결과물인 것이지요.

특히 저근육형 마른비만 여성들을 볼 때면 너무나 안타깝습니다. 이런 분들은 단백질 섭취량을 평소보다 늘리고 운동 자극을 규칙적으로 주어서 근육량을 회복해야 하는데, 체중계 눈금에 집착한 나머지 칼로리 제한 식이요법에 매몰되어 몸 상태를 점점 더 악화시키니 말이지요.

칼로리를 따져가며 적게 먹는 다이어트는 반드시 실패합니다. 이제 칼로리는 잊으세요.

콜라 2잔(496ml)

200kcal

달걀 3개(150g)

200kcal

콜라 2잔(496ml)과 달걀 3개(150g)는 모두 200kcal로 동일합니다.
하지만 이 음식들이 우리 몸에 들어와서 동일한 작용을 할까요?
칼로리만 따져 먹지 말라는 것은 이런 의미입니다.

> **안정시대사율이 떨어지면 우리 몸은 어떻게 될까?**
>
> 안정시대사율(resting metabolic rate, RMR)이란 신체활동 없이 휴식을 취하고 있을 때 내 몸에서 신체기능과 항상성을 유지하는 데 기본적으로 필요한 에너지의 양을 말합니다. 대개 하루 총 에너지 소모량의 약 60~70%를 차지합니다. 운동으로 소모하는 칼로리보다 가만히 있어도 소모되는 에너지가 훨씬 큽니다.
>
> 다이어트를 한다고 평소보다 적게 먹으면 우리 몸은 안정시대사율을 떨어뜨립니다. 수입이 줄어드니 지출을 아끼는 에너지 절약모드로 바뀌어 생존에 유리하도록 '적응반응'을 보이는 것이지요. 지속적으로 적게 먹어도 체중이 꿈쩍하지 않는 정체기가 오고, 조금만 더 먹어도 요요현상이 생깁니다. 따라서 다이어트를 할 때는 안정시대사율을 떨어뜨리지 않고 체지방을 줄이는 게 중요합니다.
>
> 안정시대사율은 근육량과 밀접한 관련이 있습니다. 근육량이 많을수록 안정시대사율이 높아집니다. 그러므로 다이어트를 하더라도 근육 손실을 최소화해야 합니다. 스위치온 다이어트에서 충분한 단백질 섭취와 운동을 강조하는 이유입니다. 간헐적 단식과 숙면도 중요합니다. 다이어트를 할 때는 체중계 눈금이 아닌 근육량과 체지방량 변화에 집중해야 합니다.

2. 금기음식을 철저히 배제한다

스위치온 다이어트 중에는 금기음식을 절대 섭취해선 안 됩니다. 내 몸을 건강한 방향으로 끌고 가야 하는데 금기음식이 들어오면 기다렸다는 듯 그 자리에서 꿈쩍 안 하거나 예전의 몸으로 거꾸로 돌아가기 때문입니다. 칼로리를 따지는 분들은 이해하기 힘들지 모릅니다. 전날 술을 마셨거나 케이크를 먹었다면 다음 날 그 칼로리만큼 운동으로 소모하면 된다고 항변하겠지요.

절대 그렇지 않습니다! 지방간을 치료하는데 병의 원인이 되는 술과 과당을 끊지 못하면 제대로 치료될 수 없습니다. 적게 먹고 운동하기만 하면 중간에 술이나 과당을 먹어도 괜찮을 거라는 생각은 오산입니다.

'한 잔은 괜찮겠지', '한 입은 괜찮겠지' 하는 생각은 아예 접어두세요. 한 달만 금기음식을 철저히 제한하면 우리 몸은 빠르게 예전의 건강한 몸으로 회복됩니다. 반복된 치팅으로 회복이 더뎌지거나 오히려 예전 몸으로 빠르게 돌아간다면, 그간 다이어트에 쏟은 시간과 노력이 아쉽지 않을까요? 한 달만 철저히 지켜봅시다. 금기음식은 다음과 같습니다.

알코올(술)

무너진 신진대사를 바로잡는 데 알코올은 도움이 되지 않습니다. 더욱이 지방간 환자는 간이 정상 수준으로 회복될 때까지 술을 완전히 끊어야 합니다. 다행히 지방간 정도가 심하지 않다면 4주면 충분합니다.

간이 정상으로 돌아온 상태에서 간간이 음주를 하는 것과 지방간이 있는 상태에서 술을 마시는 것은 천지 차이입니다. 간 건강을 평생 유지하기 위해선 이렇게 간간이 간에 휴식 기간을 주어야 합니다. 절대 칼로리 개념에 매몰되어 '어제 소주 3잔 마셨으니 오늘 운동 더 많이 하면 되겠지' 하는 잘못된 판단을 하지 말기 바랍니다.

과당이 들어 있는 당류

설탕, 액상과당, 꿀, 메이플시럽, 청량음료, 커피믹스, 주스, 과일향 우유, 당분 함량 높은 두유, 당분이 첨가된 요거트, 과자, 빵, 케이크, 아이스크림, 초콜릿

과당은 현대인의 건강을 해치는 가장 강력한 빌런입니다. 과당은 특이하게 간에서만 대사가 이루어지는데, 포도당이 넘치는 환경에서는 대부분 중성지방으로 전환되어 간에 축적됩니다. 여기에 탄수화물의 '상대적' 과잉섭취, 다시 말해 신체활동량 대비 탄수화물 섭취량이 많으면 축적된 중성지방은 간에서 빠져나오지 못하고 계속 쌓이면서 '녹'으로 작용하기 시작합니다. 모든 대사이상의 시작이

간에서 시작된다고 해도 과언이 아닐 정도로 간은 신진대사에서 아주 중요한 장기입니다.

과당은 지방간뿐 아니라 중성지방 과다, 복부 내장지방 과다, 고혈압, 당뇨병, 통풍, 다낭성난소증후군, 만성 신장질환 등의 중요한 원인이기도 합니다. 평소에도 과당이 함유된 음식을 자제해야겠지만 스위치온 다이어트를 하는 동안에는 더더욱 금해야 합니다.

참고로 이 책에 소개된 요리에는 과당이 사용되지 않았습니다. 단맛이 필요한 요리에서만 천연감미료인 알룰로스를 소량 사용합니다. 과당과 포도당은 다릅니다. 알룰로스를 쓰지 않고 단맛을 내려면 과당이 들어 있는 설탕 대신 포도당으로만 이루어진 맥아당(물엿)이나 올리고당을 사용할 것을 추천합니다.

밀가루 음식

정제 가공한 흰 밀가루 음식은 혈당을 빠르게 높일 뿐 아니라 포만감이 적어 과식의 위험이 있습니다. 에너지 밀도는 높은 반면 영양소 밀도가 낮아 영양 불균형을 초래합니다. 특히 가공식품의 경우에는 밀가루 외에도 당류, 나트륨, 인공첨가물 등이 다량 포함되어 있습니다. 스위치온 다이어트에서는 전체적으로 탄수화물 총섭취량을 줄이고 혈당을 관리하기 위해 흰 밀가루 음식을 금하고 있습니다.

밀가루 음식을 금하는 또 하나의 이유는 '글루텐 불내증' 때문입니다. 글루텐은 밀가루 특유의 쫄깃하고 찰진 식감을 만들어줍니다. 문제는 글루텐이 들어간 음식을 섭취한 후 불편한 증상을 보이는 사람들이 있다는 점입니다. 이를 글루텐 불내증이라 하는데, 불내증은 알레르기와 달리 소량으로는 증상을 보이지

않으나 일정량 이상 섭취했을 때 증상이 나타나는 것을 말합니다.

글루텐 불내증은 소화불량, 복부 팽만감, 부종, 피로감, 피부 트러블, 체중 증가 등 비특이적 증상을 보여 진단이 쉽지 않습니다. 유전적인 소인이 있어서 개인 차가 크긴 한데, 제 경험으로 볼 때 체중이 많이 나가는 사람들 가운데 글루텐 불내증이 있는 경우가 많았습니다. 건강한 몸을 회복하는 스위치온 프로그램에서 흰 밀가루 음식을 금하는 또 하나의 이유입니다.

유해한 지방과 튀긴 음식

스위치온 다이어트에서는 칼로리를 계산하지 않는다고 했습니다. 그래서 칼로리가 높은 지방도 '좋은 지방'과 '유해한 지방'으로 나누어 좋은 지방은 잘 챙겨 먹고 유해한 지방은 철저히 피하게 합니다.

트랜스지방은 무조건 피해야 하는 유해한 지방입니다. 트랜스지방은 가공식품을 만들기 위해 식물성 기름에 수소를 넣는 과정에서 생성되는 지방입니다. 마가린, 케이크, 빵류, 가공 초콜릿, 감자튀김, 팝콘 등에 함유되어 있습니다. 튀긴 음식에도 트랜스지방이 생깁니다. 튀긴 음식은 당독소 생성을 증가시켜 만성염증과 인슐린 저항성을 유발할 수 있습니다. 튀긴 음식은 칼로리가 높아서가 아니라 건강에 유해하기 때문에 금하는 것입니다.

지방간과 인슐린 저항성이 있는 사람들은 포화지방의 과도한 섭취도 도움이 안 됩니다. 따라서 지방이 상대적으로 많은 삼겹살이나 대창 등은 프로그램이 끝날 때까지 피하는 것이 좋습니다.

인공감미료를 포함한 식품첨가물

식품을 장기간 유통 보관하기 위해서는 식품첨가물이 들어가야 합니다. 그런데 법적으로 허용된 식품첨가물이라 해도 현재까지 심각한 독성이 관찰되지 않아 사용할 수 있다는 의미일 뿐 건강에 도움이 되진 않습니다. 식품첨가물을 허용량만큼 첨가했다 하더라도 먹는 양과 횟수에 따라 총섭취량이 더해질 수도 있고 개인적인 민감성도 차이가 있어 결코 안전하다고 볼 수는 없습니다.

마트나 편의점에서 식품을 고를 때는 가급적 가공식품, 인스턴트식품보다는 자연 그대로의 식품을 선택합니다. 어묵이나 생선 통조림보다는 생선을, 햄이나 소시지보다는 육류 살코기를 먹는 게 좋습니다. 신선도를 유지하기 위해 사용되는 보존료는 미생물의 성장을 억제해 식품의 부패나 변질을 방지하기 위해 사용되는데, 이 보존료가 체내에 들어오면 장내미생물에 영향을 줄 수 있습니다.

설탕 대신 사용하는 인공감미료는 칼로리가 거의 없어 다이어트와 당뇨 예방 목적으로 널리 사용되고 있습니다. 최근 설탕의 유해성이 부각되면서 더욱 각광받고 있는 첨가물입니다. 제로 콜라부터 당 함량이 거의 없다는 단백질 음료에 이르기까지 광범위하게 사용되고 있습니다.

하지만 각종 역학조사 결과 인공감미료를 오랫동안 섭취하면 대사증후군과 당뇨병 발생 위험이 오히려 증가할 수 있다고 합니다. 직접 혈당을 올리지는 않지만 장기적으로 인슐린 민감도를 낮출 수 있기 때문입니다. 일부 인공감미료는 유익균과 유해균의 균형을 교란시키는데, 이것도 만성염증이나 대사증후군의 위험을 높입니다.

궁극적으로는 단맛 중독에서 벗어나는 게 가장 좋겠지요. 하지만 그게 힘들다면 설탕이 든 음료를 마시는 것보다는 차라리 인공감미료가 들어 있는 제로 음료를 선택하는 것이 훨씬 낫습니다. 과당의 유해성이 그만큼 심각하기 때문입니다. 최근에는 스테비아나 알룰로스 같은 천연감미료가 나와 있으므로 제품을 선택할 때도 성분 표시를 확인해서 인공감미료보다는 천연감미료가 든 제품을 선택하도록 합니다.

3. 건강에 유익한 음식을 포만감 있게 먹는다

앞에서도 말했지만 배고픈 다이어트는 무조건 실패하게 되어 있어요. 포만감 있게 식사하는 것이 중요합니다. 건강한 음식을 포만감 있게 먹으면서 다이어트를 지속하면, 포만감을 주는 렙틴 호르몬이 자기 자리를 찾아오면서 자연스럽게 섭취량이 조절됩니다.

"포만감 있게 먹으면 체중이 줄어들까요?"

수없이 받는 질문입니다. 그런데 우리의 목표는 체중계 눈금이 아닙니다. 건강한 몸 만들기입니다. 좋은 음식은 배불리 먹어도 전혀 문제가 되지 않고, 배불리 먹는 식습관을 이어가야 내 몸이 예전의 건강한 몸으로 빠르게 회복이 됩니다. 건강식을 잘 챙겨 먹어서 렙틴 호르몬, 인슐린 호르몬이 자기 자리를 찾아오면 섭취량은 자연스럽게 줄어듭니다.

그렇다면 어떤 음식들을 먹어야 할까요?

매 끼니 챙겨 먹어야 하는 음식

식이섬유가 풍부한 채소와 양질의 단백질 음식은 매 끼니 섭취해야 합니다. 녹황색 채소, 뿌리채소, 줄기식물 등은 마음껏 먹어도 됩니다. 해조류와 버섯도 여기에 포함됩니다. 채소는 색깔별로 하나하나 가지고 있는 고유의 영양소들이 있기 때문에 특정 채소만 고집하기보다는 다양하게 섞어서 섭취합니다.

콩류, 두부, 달걀, 생선, 회, 해산물, 닭고기, 오리고기, 소고기, 돼지고기, 양고기 등 양질의 단백질 음식도 포함되어 있어야 합니다. 채소와 단백질 음식을 섭취하기 위한 약간의 양념(저염간장, 저염소금, 저염된장, 액젓 등)은 허용됩니다. 또 아보카도유, 올리브유, 들기름, 참기름 같은 좋은 기름도 허용됩니다. 다만, 단맛이 강하거나 상대적으로 당질 함량이 많은 토마토, 방울토마토, 단호박은 3주 차부터 허용됩니다.

하루 한두 번 먹어도 되는 음식

채소와 단백질 음식을 챙겨 먹기 위해 밥을 먹습니다. 현미밥, 잡곡밥, 콩밥, 렌틸콩이나 퀴노아가 들어간 밥을 선택하면 좋습니다. 물론 흰쌀밥도 괜찮습니다. 프로그램에서는 4일 차부터 점심 식사에 밥을 먹는 것으로 탄수화물이 허용되고, 3주 차까지는 점심 식사에만 밥이 허용됩니다. 평소 신체활동량이 많거나 프로그램을 하면서 운동 강도와 운동 시간을 점차 늘려나간다면 밥을 하루 두 끼 섭취해도 됩니다. 하지만 운동을 하지 않는 날이거나 평소보다 신체활동량이 적은 날은 하루 한 끼만 밥을 먹어야 합니다.

플레인 요거트는 1주 차부터, 무가당 두유는 4일 차부터, 천연치즈나 우유, 견과류는 2주 차부터 하루 한두 번 먹어도 됩니다. 밤, 고구마, 과일(블루베리)은 3주 차부터 하루 한 번 허용됩니다. 각 주의 허용식품은 '4주 실천 지침'에서 더 자세히 소개했습니다.

유지기에는

과일은 종류에 관계없이 하루 1개 허용됩니다. 술(남자는 하루 4잔 이하, 여자는 하루 2잔 이하), 밀가루 음식(통밀빵, 파스타, 냉면), 삼겹살이나 대창 등 프로그램에서 금기음식으로 정해놓은 음식을 먹는 치팅은 주 1~2회 정도로만 하는 걸 추천합니다.

콜라, 주스, 커피믹스 등 당류가 많은 음식이나 튀김, 도넛 등 트랜스지방이 많은 음식, 소시지, 햄 같은 가공육류는 건강을 위해 일주일에 한 번 미만으로 최대한 자제해보세요.

4. 단백질강화 식사대용식(단백질세이크)을 활용한다

스위치온 다이어트는 대사이상체중을 정상체중으로 돌려놓는 프로그램입니다. 지방간과 인슐린 저항성이 있는 사람들은 대사유연성이 떨어지기 때문에 탄수화물 섭취량을 갑자기 크게 줄일 경우 근손실을 피할 수 없습니다. 물론 운동 자극을 규칙적이고 강도 높게 주면 근손실을 최소화할 수 있지만, 무엇보다 단백질 섭취가 부족하지 않아야 합니다.

우리 몸에 탄수화물과 단백질이 충분히 들어오면 인슐린의 작용으로 간에서는 단백질을 합성합니다. 인슐린이 근육의 단백질 분해를 막고 아미노산을 포도당으로 만드는 것도 막기 때문이지요. 하지만 음식이 부족하게 들어오면 간은 아미노산을 포도당으로 만들어 혈액으로 내보냅니다. 인슐린 저항성이 있는 몸은 인슐린 작동 능력이 떨어져 근육에서 아미노산이 방출되고 간도 아미노산을 포도당으로 만들게 됩니다. 다시 말해, 지방간과 인슐린 저항성이 있으면 근육 손실이 더 잘 일어나기 때문에 단백질 섭취량을 평소보다 늘려야 합니다.

가장 좋은 방법은 소화 흡수가 잘되는 15~30g 정도의 단백질을 일정 시간 간격으로 하루 4회 공급하는 것입니다. 단백질은 한 번에 흡수되는 양이 제한되어 있기

때문에 무조건 많이 먹는다고 좋은 것은 아닙니다. 그래서 스위치온 다이어트에서도 아침-점심-오후 간식-저녁 이렇게 네 번에 걸쳐 단백질을 섭취하게 합니다.

그런데 일반 식사에서 단백질을 필요량만큼 공급하기란 쉬운 일이 아닙니다. 소화 흡수가 잘되는 단백질이 강화된 식사대용식을 만든 것은 이 때문입니다. 스위치온 단백질세이크라고 불리는 단백질강화 식사대용식을 첫 3일에는 하루 네 번, 4일 차부터는 점심에

일반 식사를 하면서 하루 세 번, 2주 차부터는 하루 두 번 섭취하게 됩니다.

프로그램을 진행할 때 먹는 단백질강화 식사대용식에는 탄수화물 함량이 제한됩니다. 일단 과당을 포함한 당류는 없어야 합니다. 복합당질은 5g 정도 되어야 하루 네 번 섭취했을 때 20g을 넘지 않습니다. 인공감미료를 포함한 인공첨가물도 가급적 최소한으로 들어가야 하겠지요. 스위치온 단백질셰이크 1포에는 단백질 18g에 탄수화물 9g이 들어 있습니다. 여기에는 차전차피분말, 난소화성말토덱스트린, 구아검 등 흡수되지 않는 식이섬유가 약 5g, 볶은 현미, 보리 분말, 현미 분말 등 복합당질이 약 4g 들어 있습니다. 과당과 인공감미료는 전혀 들어 있지 않습니다.

> **내 몸에 필요한 하루 단백질 섭취량은?**
>
> 영양학자들은 하루 단백질 섭취 권장량을 자기 체중(kg)당 0.8~0.9g으로 얘기합니다. 체중 60kg인 사람은 하루 48g을 섭취하란 의미입니다. 저는 '건강 체중(kg)'당 1~1.2g을 주장합니다. 체중 감량을 위해 다이어트에 돌입한다면 1.2~1.5g은 섭취해야 합니다. 단백질 섭취량이 늘어날수록 탄수화물과 지방 섭취량이 줄어들어 체중 감량에 유리해지기 때문이지요. 따라서 체중 60kg인 사람은 단백질을 하루 60~70g 섭취해야 합니다. 만약 건강 체중이 55kg이라서 체중을 감량해야 한다면 단백질을 65~80g 정도로 더 늘려 섭취해야 체중 감량에 성공할 가능성이 높아집니다.

5. 간헐적 단식이 반드시 포함되어야 한다

'많이 먹어서 살찌는 것이 아니라 쉬지 않고 먹어서 살찌는 것이다'라는 제 유행어를 기억하나요?

물 먹은 스펀지를 다시 활용하려면 물을 짜주어야 합니다. 우리 몸의 피하지방조직을 스펀지, 잉여 지방을 물에 비유하면 낮 동안 지방조직에 비축해둔 지방을 밤에 사는 동안 스펀지를 쥐어짜듯 짜주어야 다음 날 다시 잉여 지방을 비축할 수 있습니다. 즉, 건강한 몸을 유지하려면 저녁 식사 후 다음 날 아침 식사를 할 때까지 최소 12시간의 공복을 유지해야 합니다. 그런데 밤늦게까지 음식을 먹고 아침에 일어나자마자 아침 식사를 하면서 12시간 이상의 공복을 유지하지 못하면? 잉여 지방이 넘쳐나면서 결국 인슐린 저항성 같은 대사이상이 생깁니다.

스위치온 프로그램에서는 매일 14시간 공복을 유지하게 합니다. 짧은 단식을 하면 인슐린 수치가 낮게 떨어지는데, 일정 수준 이하로 떨어지면 지방 대사가 합성모드에서 분해모드로 바뀝니다. 지방 대사가 켜지는 것이지요. 안정시대사율은 그대로 유지된 채 비축된 지방을 쓰게 되므로 자연스럽게 대사가 유연해집니다. 인슐린 저항성과 지방간 개선에도 시너지 효과를 냅니다. 12시간 공복보다는 14시간, 그보다는 16시간이나 18시간이 더 효과적일 수 있습니다.

그런데 공복시간 못지않게 중요한 것이 잘 챙겨 먹어야 한다는 점입니다. 내 몸에 필요한 단백질을 포함해 필수영양소와 비타민, 미네랄이 충분히 들어와야 망가진 몸이 예전의 건강한 몸으로 회복되겠지요. 따라서 하루 네 번 단백질을 챙겨 먹으면서 필요한 영양소를 충분히 얻을 수 있도록 14:10, 즉 14시간 공복을 유지하고 10시간 동안 영양소 부족 없이 포만감 있게 먹기를 권합니다.

이미 지방간과 인슐린 저항성이 있는 경우라면 14시간의 공복으로는 부족합니다. 그래서 24시간 단식을 주 1~3회 실천하게 하는 것입니다. 여기서 중요한 사실은 '단식'에 포커스를 맞춰선 안 된다는 것입니다. 건강식을 포만감 있게 잘 챙겨 먹다가 단식에 돌입해야 원하는 효과가 나타납니다. 2주 차에는 주 1회, 3주 차에는 주 2회를 하게 됩니다. 3주 차까지 골격근이 유지되거나 늘어나면서 체지방이 잘 빠진다면 4주 차에는 주 3회를 해도 됩니다. 하지만 원하는 결과가 나오지 않았다면 무리하지 말고 4주 차에도 3주 차를 한 번 더 실행하면 됩니다.

6. 한 달이면 충분하다

지방간과 인슐린 저항성이 정상 수준으로 돌아오는 데에는 얼마나 걸릴까요? 물론 질병의 경중에 따라 달라지겠지요. 현재의 건강 상태, 나이나 유전적 소인도 영향을 줄 겁니다. 하지만 치료에 온전히 집중한다면 경과가 더 빠르게 나타날 수도 있습니다.

한 달간 술과 과당을 아예 끊고 몸에 좋은 음식을 잘 챙겨 먹으면서, 만병통치약인 운동을 용법과 용량에 맞게 주 4~5회 꾸준히 실천하고 하루 7시간 이상 숙면을 취하려고 노력한다면 어떤 결과가 나올까요? 평생 해야 한다면 엄두가 나지 않겠지만 한 달만 해본다면? 생각보다 치료 효과가 엄청납니다. 우리 몸의 자생력과 치유력을 우리는 간과해왔습니다.

"한 달 프로그램을 해서 건강한 몸으로 되돌려놓았는데 다시 예전 습관으로 돌아가면 또다시 배가 나오고 살찌지 않을까요?"

이렇게 물어보는 사람들도 많습니다. 물론 다시 살찌겠지요. 하지만 망가진 몸에서 더 망가지는 것과 일단 정상인 몸으로 돌아왔다가 다시 망가지는 것은 천지 차이입니다.

감기에 걸리면 일주일 이내에 치료가 됩니다. 치료는 다시 예전의 건강한 상태로 돌려놓는 것이라 했습니다. 감기가 치료되었다고 평생 감기에 걸리지 않는 건 아닙니다. 하지만 감기에 걸렸으면 나을 때까지 충분히 안정을 취해야 하고 수분 섭취를 늘려야 합니다. '어차피 나아도 또 걸릴 텐데…' 하는 생각에 치료받지 않고 밤새워 일하고 무리하면 어떻게 될까요? 감기가 더 심해져 폐렴이나 다른 합병증으로 이어집니다. 이처럼 일단 질병이 생기면 건강한 몸으로 돌려놓아야 하는 것입니다.

스위치온 다이어트는 대사이상체중을 정상체중으로 돌려놓는 치료 프로그램입니다. 그래서 한 달인 겁니다. 한 달 안에 몸이 회복되지 않으면 치료를 연장할 수도 있고, 일단 치료 종료 후 몸을 추스른 다음 다시 치료에 돌입해도 됩니다. 중요한 건 한 달 동안 금기음식을 철저히 끊고 프로그램에 집중해야 효과가 좋다는 점입니다.

스위치온 다이어트
4주 실천 지침

    스위치온 다이어트는 총 4단계로 나뉘며 1주 차 도입기, 2주 차 가속기, 3주 차 진행기, 4주 차 안정기로 구성되어 있습니다. 이제부터는 각 주마다 어떤 실천이 필요한지 구체적으로 알아보겠습니다. 제시된 식단 가이드를 철저히 지키면서 내 몸의 변화를 잘 모니터링하세요.

1주 차

DAY1~DAY7

1주 차 식단 가이드

	DAY 1	DAY 2	DAY 3	DAY 4	DAY 5	DAY 6	DAY 7
아침	단백질 셰이크	단백질 셰이크	단백질 셰이크	단백질 셰이크	단백질 셰이크	단백질 셰이크	단백질 셰이크
점심	단백질 셰이크	단백질 셰이크	단백질 셰이크	저탄수화물식	저탄수화물식	저탄수화물식	저탄수화물식
오후 간식	단백질 셰이크	단백질 셰이크	단백질 셰이크	단백질 셰이크	단백질 셰이크	단백질 셰이크	단백질 셰이크
저녁	단백질 셰이크	단백질 셰이크	단백질 셰이크	단백질 셰이크	단백질 셰이크	단백질 셰이크	단백질 셰이크

DAY1~DAY3

탄수화물 섭취를 제한해
지방 창고의 문을 열고, 장을 쉬게 함으로써
장 해독의 효과를 얻는다

첫 3일은 의도적으로 탄수화물 섭취를 제한합니다. 지방 대사의 스위치를 켜기 위함입니다. 탄수화물 섭취를 제한하면 대사유연성이 떨어져 있는 몸일수록 골격근 손실이 발생할 수 있습니다. 그래서 단백질이 강화된 식사대용식(단백질셰이크)을 2~3시간 간격으로 하루 네 번 섭취합니다.

배고픔을 참아선 절대 안 됩니다. 배가 고프면 식사대용식과 함께, 혹은 식간에 시큼한 플레인 요거트, 채소, 두부 등을 섭취해 공복감을 달래줍니다. 이 음식들은 마음껏 먹어도 됩니다. 단백질셰이크는 원칙적으로 물에 타 먹는 걸 권합니다. 하지만 너무 밋밋하게 느껴진다면 당을 첨가하지 않은 두유에 타서 먹어도 괜찮습니다.

스위치온 다이어트는 4주간 술과 과당을 철저히 제한합니다. 샐러드 드레싱에도 설탕이나 액상과당이 들어가면 안 됩니다. 두부를 허용하는 이유는 식물성단백질이 풍부하면서 상대적으로 탄수화물 함량이 거의 없고 소화가 잘되는 음식이기 때문입니다. 포만감도 있어 배고픔도 잡아줍니다. 3일간의 짧은 단식은 장에 휴식을 줄 뿐 아니라 장내미생물의 환경도 긍정적으로 바뀌게 도와줍니다.

1~3일 허용식품

채소류

양배추 가지 무 당근 오이

파프리카 브로콜리 아스파라거스 양파 파

마늘 고추 콩나물 시금치 방울양배추, 새싹채소, 피망, 콜리플라워, 애호박, 우엉 등

단백질 식품

두부, 연두부, 포두부

유제품

당을 첨가하지 않은 플레인 요거트

좋은 지방

올리브유, 아보카도유, 코코넛오일, 들기름, 참기름, 아마씨유

DAY4~DAY7

저탄수화물 식사로 근육을 유지하면서 렙틴 저항성을 개선해나간다

 4일 차부터는 점심 한 끼에 '밥'이 허용됩니다. 탄수화물을 지속적으로 제한하게 되면 골격근 손실을 피할 수 없습니다. 흰쌀밥은 반 공기, 현미밥이나 잡곡밥은 3분의 2공기 정도 섭취합니다. 물론 채소와 양질의 단백질이 풍부한 반찬을 곁들여야겠지요. 포화지방 함량이 상대적으로 적은 단백질, 닭고기나 육류 살코기 등이 좋은 단백질이라 할 수 있습니다. 식물성단백질도 건강에 유익한 불포화지방산이 상대적으로 많아 좋은 단백질이라 할 수 있습니다.

 한 끼 일반식은 포만감 있게 먹어야 합니다. 채소와 단백질 반찬으로 어느 정도 속을 채운 후에 밥을 먹으면 혈당이 빠르게 올라가는 것을 잡을 수 있습니다. 일반식이 허용되다 보니 달걀, 생선, 고기 등 허용식품의 범위가 늘어납니다. 단백질셰이크와 함께 혹은 식간에 책에 소개된 음식을 만들어 먹어도 됩니다.

4~7일 허용식품

DAY1~DAY3 허용식품

양질의 탄수화물(곡류)

잡곡밥, 보리밥, 현미밥, 흰쌀밥(반 공기)

해조류

김, 다시마, 미역, 톳, 감태, 파래 등

버섯류

표고버섯　　새송이버섯　　팽이버섯　　느타리버섯　　양송이버섯, 송이버섯, 팽이버섯, 목이버섯 등

씨앗류

해바라기씨, 호박씨

과일류

아보카도

※ 간을 진하게 하거나 금기식품과 함께 섭취하지 않는다면 이 음식들은 마음껏 먹어도 됩니다.

> **배고프지 않아야 다이어트에 성공한다!**
>
> 우리 몸에는 포만감을 주는 호르몬이 있는데, 바로 '렙틴 호르몬'입니다. 이 호르몬의 기능이 무너진 사람들은 내 몸이 필요로 하는 양보다 더 먹게 됩니다. 건강한 음식을 먹고 몸에 나쁜 음식을 안 먹다 보면 몸이 건강해지면서 그런 호르몬들도 자기 기능을 되찾는데, 그러면 예전보다 적게 먹어도 똑같은 포만감을 느끼게 됩니다. 렙틴 저항성이 개선되면 식욕이 조절되면서 과식하지 않게 됩니다. 제가 '몇 그램씩 드세요'라고 식사량을 정해주지 않고 '포만감 있게 드세요' 하는 것은, 그 양이 사람마다 다르기 때문입니다. 그러니 음식 섭취량에 너무 집착하거나 불안해하지 마세요. 우리 몸이 개선되면서 그에 따라 저절로 섭취량이 조절되는 게 자연스러운 겁니다.

2주 차
DAY8~DAY14

2주 차 식단 가이드

	DAY 8	DAY 9	DAY 10	DAY 11	DAY 12	DAY 13	DAY 14
아침	단백질 셰이크	단백질 셰이크	단식	단백질 셰이크	단백질 셰이크	단백질 셰이크	단백질 셰이크
점심	저탄수화물식	저탄수화물식	단식	저탄수화물식	저탄수화물식	저탄수화물식	저탄수화물식
오후 간식	단백질 셰이크	단백질 셰이크	단식	단백질 셰이크	단백질 셰이크	단백질 셰이크	단백질 셰이크
저녁	당질 제한식	당질 제한식	당질 제한식	당질 제한식	당질 제한식	당질 제한식	당질 제한식

DAY8~DAY14

주 1회 24시간 간헐적 단식으로
인슐린 저항성과 지방간에서 벗어난다

첫 주를 잘 끝냈다면 이미 반은 성공한 셈입니다. 이제부터는 훨씬 수월하게 이어갈 수 있어요.

2주 차부터는 저녁 식사도 일반식으로 바뀝니다. 채소와 단백질 음식 위주의 밥이 없는 일반식을 저녁 식사로 '포만감 있게' 먹으면 됩니다. 아침과 오후 간식은 단백질셰이크를 먹어야 합니다. 일정 시간 간격으로 단백질을 공급한다는 원칙에 충실하기 위해서입니다. 2주 차부터는 우유에 타서 먹어도 됩니다. 점심 식사와 저녁 식사를 배불리 잘 먹어야 렙틴 호르몬이 빠르게 개선된다는 사실을 잊지 마세요.

2주 차부터는 견과류와 콩류가 허용됩니다. 렌틸콩 등으로 콩밥을 만들어 먹으면 포만감이 더 커지겠지요. 견과류는 오후 간식으로 단백질셰이크와 함께 섭취해도 좋고, 샐러드 위에 뿌려 먹어도 좋습니다. 책에 소개된 2주 차 레시피 중 밥이 포함된 메뉴는 점심 식사로, 채소와 단백질 식품으로 만들어진 메뉴는 저녁 식사로 먹으면 됩니다.

2주 차부터는 24시간 간헐적 단식이 시작됩니다. 처음 해보는 분들에겐 쉽지 않을 겁니다. 일단 18시간까지 버텨보세요. 배고픔이 심하게 오거나 두통, 어지럼증, 무력감 등이 와서 참기 힘들면 거기서 멈추고 음식을 먹어도 됩니다. 두 번째 할 때는 18시간에서 20시간으로 늘려보고 그다음에는 22시간, 이렇게 단계적으로 늘려가면 됩니다. 단식할 때는 물, 허브티 섭취만 허용됩니다.

2주 차 허용식품

1주 차 허용식품

견과류	콩류	유제품

아몬드, 호두, 잣, 피스타치오, 피칸, 캐슈너트, 땅콩

렌틸콩, 완두콩, 강낭콩

우유, 천연치즈

※ 커피를 사랑(?)하는 직장인들을 위한 배려로 오전 중 블랙커피 1잔이 허용됩니다. 단식하는 날도 해당됩니다.

배가 안 고픈데, 하루 네 끼를 다 먹어야 할까?

2주 차쯤 되면 식사 횟수에 대한 질문이 많아집니다. "배고프지 않은데 꼭 네 끼를 다 먹어야 하나요?", "저녁 식사를 일반식 말고 셰이크로 대체하면 안 되나요?" 등등 말이지요. 배가 고프지 않아도 근육 손실을 최소화하기 위해서는 일정 시간 간격으로 단백질을 섭취하는 게 좋습니다. 하루 네 번 단백질을 공급하기 위해 네 끼 식사를 강조하는 겁니다. 특히 점심과 저녁 두 끼는 단백질 대용식으로 때우는 것보다 일반 음식으로 배고프지 않게 충분히 먹어야 렙틴 저항성에서 벗어나는 데 유리합니다. 2주 차부터는 24시간 간헐적 단식이 시작됩니다. 평소 잘 챙겨 먹다가 굶어야 간헐적 단식의 효과를 제대로 얻을 수 있습니다. 단백질 섭취가 많은 게 아니냐는 질문을 많이 받는데 일주일 중 하루를 한 끼만 먹으니 일주일간 먹은 음식을 다 더해서 7로 나누면 하루 섭취량이 그렇게 많은 것은 아닙니다.

3주 차
DAY15~DAY21

3주 차 식단 가이드

	DAY 15	DAY 16	DAY 17	DAY 18	DAY 19	DAY 20	DAY 21
아침	단백질 셰이크	단식	단백질 셰이크	단백질 셰이크	단백질 셰이크	단식	단백질 셰이크
점심	저탄수화물식	단식	저탄수화물식	저탄수화물식	저탄수화물식	단식	저탄수화물식
오후 간식	단백질 셰이크	단식	단백질 셰이크	단백질 셰이크	단백질 셰이크	단식	단백질 셰이크
저녁	당질 제한식	당질 제한식	당질 제한식	당질 제한식	당질 제한식	당질 제한식	당질 제한식

DAY15~DAY21

건강식으로 배불리 먹다가
주 2회 단식으로 빠르게 몸을 되돌린다

3주 차는 스위치온 다이어트의 효과가 두드러지게 나타나는 시기입니다. 첫 주에 빠졌던 근육량은 다시 회복되고 본격적으로 체지방이 빠지는 결과를 보입니다. 만약 첫 주에 빠졌던 근육이 회복되지 않고 계속 빠지고 있다면 대사유연성이 아직 회복되지 않았다는 의미입니다. 이때는 단백질 섭취량을 더 늘리고 운동 자극도 더 강도 높게 들어가야 합니다.

3주 차에는 단호박, 밤, 토마토, 방울토마토, 고구마 등의 섭취가 허용됩니다. 블루베리를 플레인 요거트와 함께 섭취해도 됩니다. 점심과 저녁의 일반 식사는 포만감 있게 충분한 양을 먹습니다. 식사량은 내 몸이 알아서 정합니다. 몸이 건강해질수록 과식과 폭식이 없습니다.

3주 차에는 24시간 간헐적 단식이 두 번 들어갑니다. 물론 24시간을 채우지 않아도 됩니다. 18시간까지 잘 버텨보고 몸이 괜찮으면 이전에 시행했던 간헐적 단식보다 시간을 조금씩 늘려봅니다. 간헐적 단식은 연달아 하지 않는 게 원칙입니다. 단식이 끝난 후에는 한 끼 식사를 양질의 단백질 식단으로 푸짐하게 먹습니다.

책에 소개된 3주 차 메뉴는 2주까지의 메뉴보다 간이 조금 강합니다. 기름 사용도 많고요. 건강한 음식을 더 맛있게 먹을 수 있다니! 입도 즐겁고 건강도 챙기고, 그야말로 일석이조 아닐까요.

3주 차 허용식품

1주 차 허용식품

2주 차 허용식품

채소류

토마토	단호박	고구마	방울토마토, 밤

과일류

블루베리	딸기	키위	라즈베리, 크랜베리

4주 차

DAY22~DAY28

4주 차 식단 가이드

	DAY 22	DAY 23	DAY 24	DAY 25	DAY 26	DAY 27	DAY 28
아침	단백질 셰이크	단식	단백질 셰이크	단식	단백질 셰이크	단식	편하게 식사하기
점심	저탄수화물식	단식	저탄수화물식	단식	저탄수화물식	단식	
오후 간식	단백질 셰이크	단식	단백질 셰이크	단식	단백질 셰이크	단식	
저녁	저탄수화물식	저탄수화물식	저탄수화물식	저탄수화물식	저탄수화물식	저탄수화물식	

DAY22~DAY28

단식 횟수를 조절하면서
체지방 감량을 극대화한다

3주 차까지 예외 없이 철저히 프로그램을 실천한 분들은 골격근이 회복되고 체지방이 많이 빠졌을 것입니다. 그런 분들만 4주 차로 넘어갈 수 있어요. 약간의 치팅이 있었거나 운동 자극이 충분하지 않은 경우에는 빠진 골격근이 충분히 회복되지 않았을 것입니다. 그런 경우에는 욕심내지 말고 3주 차를 한 주 더 하는 게 좋습니다.

3주 차까지 순조롭게 대사유연성을 회복하고 체지방을 감량했다면 24시간 단식을 주 3회 시행합니다. 월수금 혹은 화목토 이렇게 격일단식을 합니다. 프로그램을 잘 수행한 사람들은 주 3회 간헐적 단식을 해도 근육 손실이 거의 없이 체지방만 빠졌습니다. 특히 허리둘레 감소가 두드러졌어요. 프로그램 종료 후 혈액검사 결과를 보면 특히 혈당과 당화혈색소의 개선이 확연히 보였습니다.

4주 차에는 저녁 식사에도 밥 반 공기가 허용되고 과일도 하루 1개 정도 허용이 됩니다. 단식하는 날에도 밥 반 공기가 허용됩니다. 채소와 단백질 음식 위주로 배불리 먹어도 좋고, 밥이 포함된 한식을 배불리 먹어도 좋습니다(물론 밥은 배를 채운 후 먹는 게 혈당 조절에 유리하겠지요).

4주 차 허용식품

1주 차 허용식품

2주 차 허용식품

3주 차 허용식품

종류에 상관없이 과일은 하루 1개 허용(※안 먹어도 됩니다.^^)

지금까지 스위치온 다이어트 4주 실천 지침을 알아보았습니다. 같은 내용으로 실천해도 결과치는 사람마다 다릅니다. 몸이 다르기 때문이에요. 또 '예외 없이 실천했는가'도 성패를 가르는 중요한 잣대가 됩니다. 최소 3주까지는 예외 없이 철저히 실천해야 원하는 결과를 얻을 가능성이 높습니다.

많은 분이 프로그램을 시행하면서 현재 자신의 식단이 올바른지, 허용식품을 어떻게 먹어야 하는지 궁금해하는데, 이런 분들을 위해 다음 장에서는 쉽게 만들어 먹을 수 있는 한 끼 레시피를 준비했습니다. 매년 스위치온 다이어트를 하면서 수십 년간 먹어온 저의 집밥 레시피예요. 단계별 허용식품에 맞게 구성했으니 필요할 때 적절히 활용하길 바랍니다.

유지기에 건강을 챙길 수 있는 메뉴도 골라보았습니다. 술안주용 메뉴와 뭔가 자극적인 음식이 당길 때 죄책감(?) 덜 느끼고 먹을 수 있는 치팅 메뉴들입니다. 맛있게 먹으면서 즐겁게 유지하세요.

매일매일 실천사항 5

식단과 더불어 아래의 다섯 가지를 지키면 효과를 더 극대화할 수 있습니다. 수면, 운동, 생활 속 작은 습관들을 꼭 지켜주세요.

1

아침 식사는 전날 저녁 식사를 마친 시간으로부터 14시간 후에 섭취한다.
저녁 식사는 취침 2~4시간 전에 끝낸다.

2

수면 시간은 가급적 하루 7~8시간 유지한다.
자정부터 새벽 4시는 반드시 수면 시간에 포함되어야 한다.

3

잠자리에 들기 1시간 전에는 TV, 스마트폰, 컴퓨터 화면을 보지 않는다.

4

규칙적으로 운동을 시행한다.
주 4회 이상, 고강도인터벌운동을 15~30분 정도 실천한다.
오래 앉아 있는 것을 피하고, 가급적 30분마다 일어나서 가볍게 몸을 움직인다.

5

물은 하루 8컵 이상 충분히 마신다.

> 스페셜 페이지

식품, 영양, 다이어트 고민 해결까지
스위치온 다이어트
Q&A 22

음식에 대한 사소한 질문에서부터 식단과 다이어트 고민까지
궁금한 사항들을 모두 정리했습니다.
치팅 후 대처법과 외식 메뉴 선택 노하우도 소개했으니 두루 참고하세요.

Q 단백질세이크를 시중에 나오는 단백질 음료로 대체해도 괜찮을까요?

일단 선택한 제품에 어떤 성분이 들어 있는지를 꼼꼼히 살펴보세요. 단백질은 15g 이상인 제품이 좋고, 액상과당, 결정과당, 설탕 등은 포함되어 있지 않아야 합니다. 포도당, 맥아당, 물엿까지는 조금 허용할 수 있습니다. 그런데 마시는 단백질 음료에는 보존제를 포함한 인공첨가물이 많이 들어 있다는 게 문제입니다. '탄수화물 제로'라고 써 있는 제품에도 인공감미료가 들어 있어요. 물론 인공감미료가 설탕이나 과당보다는 낫지만, 내가 건강해지기 위해서 4주 프로그램 실천을 결심했다면 가급적 몸에 도움이 되는 제품을 먹어야겠지요. 편의상 단백질 음료를 먹겠다면 과당과 인공첨가물이 최소한으로 들어 있는 제품을 선택하길 권합니다.

Q 너무 해보고 싶은데, 하루 이틀 해보니까 힘들어서 못 버티겠어요.
첫 3일만 넘기면 할 수 있을 것 같은데 그게 안 되니 너무 속상하고 자괴감이 들어요.

첫 3일이 부담스럽게 느껴진다면 4일 차부터 시작해도 됩니다. 첫 3일에 두통과 무력감이 너무 심해서 약을 먹으면서 버틴다는 분들도 있는데, 그렇게 참지 마세요. 다이어트가 스트레스가 되면 안 됩니다. 첫 3일 중에 몸이 힘들고 심한 두통이 있다면 곧바로 4일 차로 넘어가세요. 4일 차에는 점심 한 끼가 일반식으로 바뀌면서 밥이 들어오는데 그러면 탄수화물 금단 증상이라고 얘기했던 두통, 어지럼증, 무력감 등은 씻은 듯이 낫습니다. 더불어 나이가 많은 어르신들은 4일 차부터 시작하시는 것을 추천드립니다.

Q 단백질세이크를 도저히 못 먹겠어요.
단백질세이크 대신 고기나 두부로 단백질을 채워도 되나요?

어떤 종류를 먹어봐도 입맛에 안 맞는다는 분들은 굳이 셰이크를 먹지 않아도 됩니다. 일반 음식으로 단백질 섭취를 해도 상관이 없어요. 그렇지만 실제 해보면 하루 네 번 먹어야 하는 단백질을 일반 음식으로 채운다는 게 현실적으로 만만치 않을 거예요. 단백질세이크는 소화 흡수가 빠른 점도 있지만 편의를 위한 측면도 있습니다.

Q 요리할 시간이 없어서 시중에 파는 닭가슴살을 먹고 있는데, 나트륨과 당 함량의 기준을 어떻게 잡아야 할까요? 닭가슴살 구입하는 팁을 알려주세요.

시중에 파는 닭가슴살은 가공식품이다 보니 나트륨이 들어 있는데, 가능하면 닭가슴살 100g당 나트륨 300mg 이하인 제품을 고르는 것이 좋습니다. 소금 대신 허브, 향신료, 후추, 레몬즙 등으로 간을 맞춘 제품이면 더 좋겠지요. 닭가슴살에는 당이 없어야 합니다. 시중에 파는 제품 가운데에는 양념이나 소스가 들어간 닭가슴살이 많은데 이 부분은 반드시 확인해봐야 합니다. 100g당 5g 미만인 제품을 고르고 설탕, 액상과당이 들어간 제품은 피하도록 합니다. 아울러 아질산나트륨, 합성보존료, 인공감미료 등 인공첨가물이 최대한 적게 들어 있는 제품이 좋습니다.

Q 김치 먹어도 되나요?

김치 먹어도 됩니다. 단, 양질의 음식을 맛있게 먹기 위한 '반찬'이면 가장 좋고 요리에 넣을 때는 간을 조절해 먹는 요령이 필요합니다. 나트륨을 많이 섭취하는 것은 다이어트에 도움이 되지 않기 때문에 아무래도 평소보다는 적게 먹는 게 좋습니다. 제 경우 워낙 김치를 좋아해서 스위치온 프로그램을 할 때는 메인 음식의 간을 심심하게 한 후 김치를 곁들여 먹습니다. 좋은 음식을 잘 챙겨 먹기 위한 약간의 염분 섭취는 허용됩니다.

Q 시판 훈제 고기류 먹어도 되나요?

훈제냐 아니냐가 중요한 게 아니라 육류를 고를 때는 어느 부위이냐가 더 중요합니다. 살코기가 많다면 먹어도 됩니다. 예를 들어 삼겹살은 상대적으로 기름기가 많은 부위입니다. 건강한 사람에게는 문제가 되지 않지만, 지방간과 인슐린 저항성이 있는 경우에는 포화지방 섭취가 몸을 더 망가뜨릴 수 있어요. 따라서 체중감량과 건강한 몸을 만들기 위해 식단을 짠다면 기름기가 적은 살코기 위주의 육류를 선택하고, 직화로 먹기보단 수육이나 샤브샤브로 섭취하는 것을 추천해요.

Q 샐러드드레싱으로 허니머스터드 소스를 먹어도 되나요?

허니머스터드 드레싱은 육류와 같이 곁들일 때 느끼한 맛을 잡아주어서 좋으나, 머스터드 자체가 기름 베이스인 데다 우리나라에서는 꿀을 넣은 허니머스터드를 쓰기 때문에 상대적으로 과당이 많다는 게 좀 아쉽습니다. 가급적 달짝지근한 드레싱은 피하세요. 올리브유, 식초, 간장 베이스에 약간의 알룰로스를 넣어서 시큼하고 매콤한, 그런 정도의 느낌이라면 괜찮습니다. 또 먹더라도 부먹보다는 찍먹으로 먹는 게 좋겠지요.

제가 개인적으로 즐겨 먹는 것은 '오리엔탈 드레싱'입니다. 몸에 좋은 올리브유로 만들고 간장 베이스라 달지 않거든요. 오일 앤 비니거(올리브유와 발사믹 식초를 섞어 만든 샐러드용 드레싱)도 몸에 좋은 음식이긴 한데, 생각보다 당이 많아서 가급적 올리브유 위주로 살짝 찍어 먹습니다. 한 가지 저의 팁을 드리면, 샐러드를 먹을 때 플레인 요거트를 소스로 활용해 뿌려 먹어보세요. 채소와 단백질을 동시에 챙길 수 있는 한 끼가 됩니다. 또 레몬즙을 짜서 살짝 뿌려 먹으면 샐러드가 훨씬 상큼해집니다.

Q 4일 차부터 밥이 허용되는데, 밥 대신 100% 쌀식빵으로 대체해도 될까요? 그리고 스파게티면은 듀럼밀인데 이것도 금기시되는지 궁금합니다.

빵이나 면 대신 밥을 먹게 한 것은 채소와 단백질 반찬을 충분히 섭취하기 위함입니다. 스파게티면의 주재료인 듀럼밀은 일반 밀과 비교해 단백질 함량이 더 높고 글루텐 함량도 상대적으로 더 높습니다. 글루텐 자체가 다이어트의 금기는 아니지만 글루텐 민감성이 있는 사람들은 주의가 필요합니다. 또 일반 밀가루 음식보다 혈당 올라가는 속도는 상대적으로 느리지만 탄수화물 밀도가 높고 밥을 먹는 만큼 다양한 채소, 단백질 섭취가 동반되지 않는 경우가 많아서 권하지 않습니다. 빵이나 면보다는 밥으로 드세요.

Q 4일 차에 먹는 점심 일반식을 저녁과 바꿔도 되나요?

점심에 셰이크를 먹고, 저녁에 밥을 포함한 일반식을 먹어도 상관은 없어요. 다만, 저녁 식사에서 탄수화물을 먹었다면 잠자리에 들 때까지 최소 4시간 정도의 간격을 두어야 합니다. 저녁을 단백질셰이크만 먹거나 탄수화물을 먹지 않는다면 자기 전까지 2시간 정도 소화 시간을 두면 됩니다.

Q 2주 차부터 일반식 2회인데 아침 점심을 일반식으로 먹고,
저녁을 셰이크로 먹어도 될까요? 퇴근 후 운동을 가다 보니,
저녁 먹고 운동 가는 게 많이 애매해서요.
단백질셰이크는 운동 중에 섭취가 가능해서 편하거든요.
그렇다고 운동 시간을 미루거나 운동 끝나고 먹기엔 너무 늦어져서 질문을 드립니다.

하루 네 끼 식사의 순서를 바꾸는 것은 상관없습니다. 하지만 두 끼의 일반식은 포만감 있게 먹어야 합니다. 일반적으로 식사하고 1시간 정도 후에 운동하는 게 소화에 방해가 되지 않아 권장되지만, 시간이 여의치 않다면 저녁 식사 후 바로 운동을 해도 괜찮습니다. 이른 저녁으로 일반식을 먹고 오후 간식을 운동 후 단백질셰이크로 대신해 먹는 방법은 어떨까요.

Q 잘 참다가 2주 차 중간에 빵을 먹어버렸어요.
1주 차부터 다시 시작해야 할까요?

"금기음식 먹으면 다시 처음부터 해야 되나요?"와 같은 질문이 많습니다. 사실 이어서 진행해도 되지만 그 효과가 금기음식을 먹지 않았을 때보다 떨어집니다. 그렇다고 처음부터 다시 시작하면 안정시대사율이 더 떨어질 수 있기 때문에 1주 차로 돌아가는 건 안 됩니다. 이럴 때는 아쉬워도 몸을 추스르는 유지기를 3~4주 가진 후 다시 시작하는 게 좋습니다. 한 번 더 강조하지만, 금기음식에 대한 유혹을 적어도 3주까지는 참아야 4주 프로그램이 끝나도 원하는 결과를 얻을 수 있습니다.

Q 스위치온을 할 때 회사 구내식당에서는 어떻게 먹는 게 좋을까요?
평소 박사님은 어떻게 구내식당을 활용하시는지 궁금합니다.

구내식당에서 점심 식사를 해야 한다면 밥은 제공하는 양에서 1/2은 덜어내고 반찬은 좀 심심한 반찬, 간이 덜 된 반찬을 더 요청해서 먹습니다. 이를테면 두부라든지, 달걀, 생선 등 단백질 반찬은 조금 더 달라고 요청하는 겁니다. 식판에서 밥을 반 덜어냈으니, 나머지 공간에 채소 반찬과 단백질 반찬을 더 받아와서 드세요.

만약 밖에 나가서 먹어야 한다면, 샤브샤브나 월남쌈 메뉴를 강력 추천합니다. 직장인들이 신선한 채소류를 있는 그대로의 형태로 먹는다는 게 쉽지 않은데 이런 메뉴는 평소 먹지 못했던 신선한 채소를 많이 먹을 수 있는 기회가 되니 좋지요. 이런 날은 고기에 집중하지 말고, 채소를 듬뿍 먹는 데 신경을 써보세요.

Q 2주 만에 근육 1kg 늘고, 체지방만 3kg 빠져서 신나게 하던 중 3주 차에 치킨을 먹었습니다. 그만두기가 너무 아쉬운데, 혹시 다음 날 단식을 하면 괜찮을까요?

많은 분이 치팅을 한 후에 '먹지 말아야 하는 걸 먹었으니 내일은 굶어야지'라고 생각하는데, 단식을 그렇게 활용하면 안 됩니다. '금기음식을 먹었으니까 다음에 굶는다'가 아닙니다. 단식은 좋은 음식으로 잘 챙겨 먹고, 그다음에 굶어서 내 몸이 좋은 음식을 활용할 수 있게 해주는 게 중요합니다. 치팅을 했으면 빨리 반성하고 그다음에 건강식으로 계속 챙겨 먹는 게 낫습니다. '어제 치팅했으니까 오늘은 굶을래' 이렇게는 하지 마세요. 좋은 음식으로 배불리 먹다가 단식해야 단식의 효과가 제대로 나옵니다.

Q 155cm, 46kg인데 체지방율이 29%인 마른비만이에요.
허용식품 안에서 단백질도 잘 챙겨 먹고 운동도 PT를 받으면서 열심히 하고 있습니다.
지방은 빠진 게 느껴지는데 근육이 늘지 않아요.
어떻게 해야 할까요?

> 체중이 많이 나가지 않는 분들이 체지방을 줄이기 위해 탄수화물을 줄이는 건 좋으나, 탄수화물이 지나치게 부족하면 근육이 빠집니다. 뚱뚱한 사람들은 체지방을 줄이기 위해서 탄수화물을 줄여야 합니다. 약간의 근손실이 있더라도 체지방량을 빨리 줄이는 게 더 유리하기 때문이지요. 하지만 마른비만의 경우는 얘기가 달라집니다. 지방을 빼는 것보다 근육량을 늘리는 것이 더 선행되어야 합니다.
> 단백질 섭취에 더욱 신경 써야 하고 근력운동이 반드시 병행되어야 합니다. 운동량에 맞추어 탄수화물 섭취량도 조금 늘려야 합니다. 따라서 흰쌀밥도 좋으니 하루에 두 끼 정도는 밥을 먹겠다고 생각해서 밥 양을 조금 더 늘리는 걸 추천합니다. 그리고 근육 생성에는 수면의 질이 굉장히 중요한 역할을 합니다. 숙면을 취하고 있는지, 수면 시간이 짧지는 않은지 체크해보세요. 적어도 7시간 이상 숙면을 취하려는 노력이 병행되어야 근육량이 늘어납니다.

Q 어떤 분이 스위치온으로 한 달 만에 10kg을 뺐다고 해서 깜짝 놀랐습니다.
저는 변화가 크지 않은 것 같은데 뭐가 문제일까요?

> 개개인의 몸 상태가 다르고, 체질도 다르고, 무엇보다 지방간이나 인슐린 저항성이 얼마나 심한가, 내 몸이 얼마나 많이 망가졌는가가 결과에 많은 영향을 줍니다. 몸이 많이 망가져 있을수록 회복이 더딜 수 있지요. 그래서 그런 사람들일수록 더 철저하게 해야 됩니다. 또 예전에 굶는 다이어트, 적게 먹는 다이어트를 반복한 몸일수록 기초대사량이 떨어지는 것도 훨씬 빠르게 나타납니다. 그런 몸은 쉽게 좋은 결과가 나오지 않을 수도 있습니다. 하지만 다시 준비 기간을 가지면서 몸을 추스르고 시작하면 처음보다 훨씬 더 나은 결과가 나옵니다. 내 몸은 내가 노력하는 만큼 좋아질 수 있어요.

Q 회사에서 직원들과 함께 시작했는데 저만 제자리예요.
빨리 다음 단계로 넘어가고 싶은데 그래도 되나요?

> 저 같은 경우는 올해 1월에 할 때 1주 차에 빠졌던 근육이 2주 차에 회복 안 되었어요. 그래서 3주 차에 2주 차를 한 번 더 했습니다. 이후 빠졌던 근육이 회복된 것을 확인하고 난 다음에 3주 차로 넘어갔습니다. 이런 몸의 변화를 보는 모니터링이 필요합니다. 2주 차, 3주 차, 4주 차가 중요한 게 아니라 내 몸을 바꾸는 변화가 중요한 것입니다. '빨리 다음 주로 넘어가서 빨리 끝내고 싶다' 하는 욕심이 아니라 내 몸이 시작 전보다 좋아진 결과가 중요하기 때문에 진행 속도에 너무 예민하지 않았으면 합니다.

Q 밤샘 근무를 하는 사람은 어떻게 다이어트를 해야 하나요?
가장 중요한 점이 있다면요?

> 야간 근무 환경에 있는 분들은 사실 우리 몸의 서카디안 리듬(생체리듬)을 생각하면 굉장히 안 좋은 환경에 놓여 있는 셈입니다. 상대적으로 신진대사가 무너질 위험이 높은 유해환경에 놓여 있다고 할 수 있어요. 그래서 다이어트도 쉽지 않은 게 사실입니다.
> 일단 이런 분들은 최대한 내 몸의 생체리듬을 주어진 환경과 잘 맞추는 게 중요합니다. 뇌의 서카디안 리듬은 빛이 들어오면 낮이고, 빛이 들어오지 않으면 밤입니다. 우리 몸은 음식이 들어오면 낮이고, 음식이 들어오지 않으면 밤이에요. 그래서 이 두 가지 리듬을 잘 맞추는 게 반드시 실행되어야 합니다. 이를테면 내가 밤샘 근무를 해야 한다면 일을 하는 그 밤은 실내등을 환하게 켜놓고 일을 하니까 낮인 거예요. 그러면 낮인 그 시간에는 식사를 해야 합니다. 이후 마지막 식사가 끝난 시점에서부터 최소 12시간 동안은 음식이 들어오지 않아야 하지요. 그러면 바깥은 낮이지만 내 몸은 밤으로 인식하게 됩니다. 퇴근하고 나서는 검은 커튼을 쳐서 빛을 차단하고, 내 몸으로 하여금 밤이라고 인식하게 만들어야 합니다. 이때 절대 음식을 먹으면 안 됩니다. 조금은 의도적으로 서카디안 리듬을 조절해 자신의 몸과 환경을 맞춰가는 요령이 필요합니다.

Q 탄수화물 섭취량이 여전히 알쏭달쏭합니다. 탄수화물, 얼마나 먹어야 하나요?

한국영양학회에서는 탄수화물을 하루 총 섭취 에너지의 55~65%를 섭취하도록 권고하고 있어요. 칼로리 계산을 좋아하진 않지만 하루 약 2,000kcal를 섭취한다고 가정하면 1,100~1,300kcal를 탄수화물로 얻어야 하고, 하루 275~325g 섭취해야 합니다. 우리나라 국민영양조사 자료에 의하면 평균 62% 정도 탄수화물을 섭취하는 것으로 나타나 권장 범위 안에 들어 있어요. 하지만 탄수화물은 급성 에너지원으로 사용되기 때문에 신체활동량에 맞게 섭취해야 합니다. 과거에 비해 육체노동이 줄고, 걷기보다는 자동차나 에스컬레이터를 이용하는 현대인들에게는 다소 많은 양으로 보여집니다.

그렇다면 탄수화물의 최소 요구량은 얼마나 될까요? 포도당을 에너지원으로 고집하는 뇌는 하루 약 120g의 포도당을 필요로 합니다. 이 중 2/3는 외부에서 음식으로, 나머지는 포도당신생합성이라는 리사이클링 시스템으로 내부에서 얻습니다. 하루 80g이 최소 요구량이라고 보면 됩니다. 한국영양학회의 최근 보고 자료에 의하면 한국인의 탄수화물 평균 필요량은 남녀 모두 '100g/일', 권장섭취량은 '130g/일'로 되어 있네요.(Journal of Nutrition and Health. 2021 Dec; 54(6):584-593.).

스위치온 다이어트에서는 첫 3일을 당질제한식으로 시작합니다. 4일 차부터 밥 반 공기가 허용되는데 탄수화물 섭취량으로는 약 35~45g 정도 됩니다. 그리고 2주 차부터 조금씩 탄수화물 섭취량이 늘어나지요. 따라서 스위치온 다이어트는 '저탄수화물 다이어트'에 해당합니다.

평소 많이 걷고 규칙적으로 운동을 하는 사람이라면 신체활동량에 따라 섭취량을 더 늘리면 됩니다. 하지만 탄수화물은 필수아미노산이나 필수지방산 같이 '필수'가 들어가는 영양소가 아닙니다. 게다가 탄수화물을 저장하는 저장 창고(간과 근육)는 지방 저장 창고에 비해 크기가 1/100밖에 되지 않아요. 넘치게 들어오면 지방간, 내장지방 비만 등 대사이상으로 이어집니다. 따라서 스위치온 다이어트를 끝내고 유지기에 들어가더라도 하루 탄수화물 섭취량은 150~250g 정도의 중탄수화물 식단으로 먹는 것을 권장합니다.

Q 편의점에서 한 끼 식사를 해결해야 한다면 어떤 걸 먹는 게 좋을까요?

급한 대로 부족하지 않게 우리 몸에 필요한 영양소를 챙기는 게 중요합니다. 급격히 혈당을 올리지 않고 배도 채우는 동시에 단백질까지 보충할 수 있는 식품이라면 좋겠지요. 과당과 인공첨가물이 최대한 적게 들어간 제품으로 단백질 음료를 하나 고릅니다. 단백질 음료는 동물성단백인 유청단백과 식물성단백인 대두단백 2종이 있는데, 두 가지가 편의점에 모두 있다면 유청단백이 들어간 것을 권합니다. 상대적으로 유청단백의 체내 흡수율이 더 좋고 아미노산 구성도 더 훌륭하기 때문이에요. 다만, 가격이 조금 비싸긴 합니다.

단백질 음료 하나로는 분명 배가 차지 않을 테니, 그다음에는 삶은 달걀이나 단백질바 중 하나를 골라 같이 먹기를 권합니다. 특히 삶은 달걀은 단백질 보충을 위한 편의점 최고의 음식입니다. 실제 원재료 함량을 보면 달걀이 99% 이상이고 정제소금이 1%도 되지 않거든요. 배가 고플 때 끼니를 해결하면서 단백질을 보충할 목적으로 저도 자주 사 먹습니다. 단백질바는 탄수화물이 주를 이루는 과자처럼 생겼지만 실제는 단백질이 다량 함유된 식품입니다. 워낙 여러 종류가 나와 있으므로 영양 성분 등을 잘 살펴서 선택하세요. 예를 들어 단백질 24g, 탄수화물 22g, 당류 9g 수준의 제품이라면 나쁘지 않습니다. 당류가 적지 않게 들어갔지만 단백질 함량이 높기 때문에 단백질 보충 측면에서 나쁘지 않은 선택이라 할 수 있습니다.

Q 식초가 다이어트와 건강에 좋다고 하던데 어떤 식초가 좋은가요?

일단 합성식초(빙초산)보다는 발효식초가 건강에 도움이 되는 건 확실합니다. 그리고 비타민, 미네랄, 폴리페놀과 다양한 유기산이 들어 있는 순수 발효식초가 신맛만 내는 주정식초보다 낫겠지요. 과일 식초의 경우도 진짜 과일 발효식초와 요리용 식초에 과즙을 섞은 '무늬만 과일 식초'가 있습니다. 원료 성분표를 확인해서 'OO 발효식초'라고 적혀 있으면 진짜 과일 발효식초이지만, 'OO 식초'라고만 적혀 있으면 과즙을 섞어 만든 식초일 가능성이 높습니다. 영양 성분 표시를 확인해서 순수 과일 발효식초를 선택해 드시기를 권합니다.

Q 다이어트를 하다 보니 변비가 생겼어요. 해결 방법이 없을까요?

흔히 먹는 것이 줄어서 변비가 생긴다고 하는데, 그보다 더 큰 원인이 '스트레스'입니다. 장은 제2의 뇌라고 불릴 만큼 스트레스에 예민합니다. 뇌가 우울하면 장도 같이 우울해지기 때문에 장운동이 잘되지 않으면서 변비가 오기 쉽습니다. 따라서 스트레스를 받으면서 다이어트를 하면 안 됩니다. 피할 수 없으면 즐기라고 했어요. 어차피 해야 하는 다이어트라면 즐거운 마음으로 하길 권합니다. 물을 많이 마시는 것도 도움이 됩니다. 다이어트 중 플레인 요거트와 양배추를 같이 먹는 것도 추천해요. 양배추는 데쳐 먹어도 좋고 생으로 먹어도 좋습니다. 양배추를 플레인 요거트에 찍어 먹으면 장내 환경이 좋아지기 때문에 자연스럽게 변비에서 벗어날 수 있습니다. 신바이오틱스나 프로바이오틱스를 규칙적으로 잘 챙겨 먹는 것도 도움이 됩니다.

Q 생리 전과 후, 언제 시작하는 게 좋은가요?

여성들은 성호르몬에 의한 영향을 많이 받기 때문에 생리 주기에 따라서도 다이어트 성패가 좌우될 수 있습니다. 가장 좋은 시기는 아무래도 생리가 끝난 직후부터가 몸의 컨디션이 좋기 때문에 유리합니다. 반대로 가장 힘든 시기는 생리 직전 일주일간, 흔히 말하는 생리전증후군이 있는 그 시기이지요. 이때는 식욕이 강하게 생기는 데다 감정 기복도 심해지고 스트레스에 예민해져 단맛의 유혹을 견디기가 쉽지 않습니다.
또 24시간 간헐적 단식을 하게 되면 단식 자체도 힘들뿐더러 이후 탄수화물 폭식이 올 수도 있습니다. 따라서 이 시기에는 18시간 정도의 단식만 해도 됩니다. 건강한 음식을 배불리 포만감 있게 섭취해서 달달한 음식의 유혹을 이겨내야 합니다. 생리 중에는 너무 무리하게 스케줄을 잡지 말고, 간헐적 단식도 힘들 것 같으면 그다음 주에 하겠다고 생각하고 미루어도 됩니다. 급하지 않은 스케줄은 뒤로 미루는 등 스트레스 조절에도 신경 쓰시길 바랍니다.

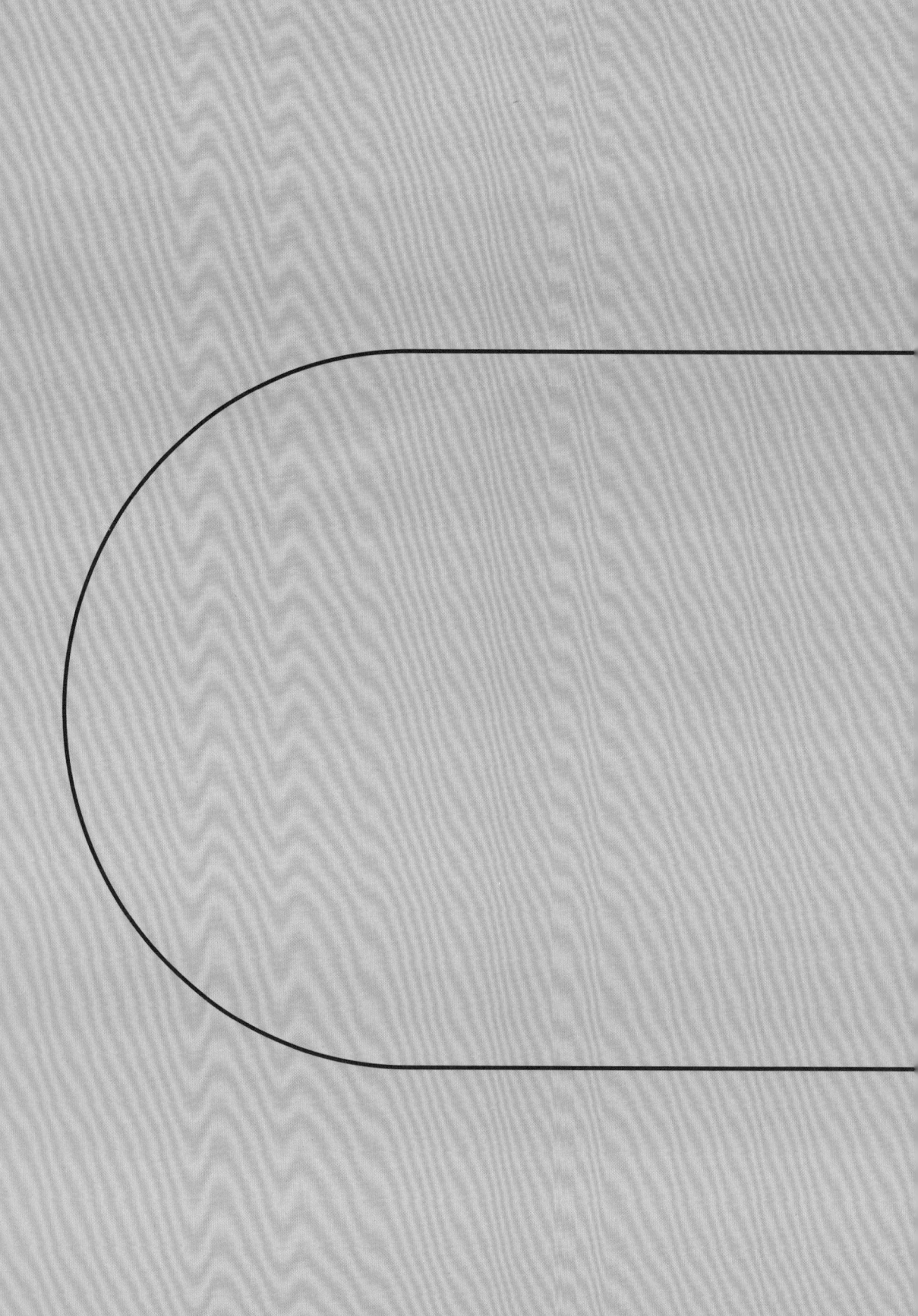

PART 2

다이어트가 즐거워지는
맛있는 한 끼 레시피

쉽게 만들어 먹을 수 있는 다이어트 메뉴를 소개합니다.
다양한 식재료와 요리 구성으로 골라 먹는 재미가 느껴지도록 했어요.
다이어트 식단, 절대 어렵지 않아요!
한 끼 레시피와 함께 즐겁게 스위치온 다이어트를 해보세요.

이 책에 소개된 레시피의 특징

1
쉽고 간단한 한 그릇 요리로 개발했습니다.

흔하게 구할 수 있는 재료를 사용해 요리 초보들도 따라 할 수 있도록 쉬운 조리법으로 레시피를 만들었습니다. 맛과 영양을 채운 한 그릇 요리라서 여러 반찬이 필요 없고 만들어 먹기도 간편해요.

2
식이섬유와 단백질이 풍부합니다.

포화지방이 적은 고기류, 해산물, 두부, 달걀, 콩 등 양질의 단백질 식품에 식이섬유가 풍부한 각종 채소와 버섯 등을 곁들인 건강식입니다. 영양가가 높고 포만감을 주는 음식들이기 때문에 먹고 나면 배부르게 느껴지실 거예요. 한 그릇 안에 담긴 단백질, 당질, 식이섬유의 양은 각각 표기했습니다.

3
과당 제로 레시피입니다.

책에 소개된 모든 레시피에는 건강에 해로운 과당(설탕)을 사용하지 않았습니다. 단맛이 꼭 필요할 때는 천연감미료인 알룰로스를 사용해 건강한 단맛을 더했어요(물론 첫 3일은 단맛에서 멀어져야 한다는 생각으로 알룰로스를 사용하지 않는 게 더 좋습니다). 또한 된장이나 간장 등을 활용한 소스로 음식의 맛과 풍미를 살렸습니다.

4
밥이 없는 요리, 밥이 있는 요리를 두루 소개했습니다.

밥 없는 김밥, 밥 없는 볶음밥처럼 밥 없이도 충분히 즐길 수 있는 당질제한식 메뉴와 밥이 들어간 탄수화물 요리를 다양하게 소개했습니다. 당질제한식은 당질량이 35g 미만인 음식입니다. 일부 당질제한식 메뉴는 밥을 곁들이면 탄수화물 식단으로도 활용할 수 있습니다.

5
건강한 시판 제품을 활용했습니다.

바쁜 일상에서 간편하게 요리할 수 있도록 건강한 시판 제품을 적절히 사용했습니다. 또한 밀가루면 대신 해초면, 두부면 등을 활용해 먹는 즐거움과 영양을 동시에 챙겼습니다. 시판 제품을 고를 때는 첨가물이 최대한 적게 들어간 것으로 선택해 사용하세요.

6
온 가족이 함께 먹는 건강 식단으로 활용할 수 있습니다.

다이어트를 위한 요리이지만 저염, 저당의 건강식이기 때문에 온 가족이 함께 즐길 수 있습니다. 기호에 따라 간을 추가하거나 매운맛을 내는 재료를 생략하면 아이들과 함께 먹기도 좋아요.

레시피에 사용하는 추천 시판 제품들

해초면

밀가루 없이 미역, 다시마, 톳 등으로 만든 면입니다. 탱글탱글하게 씹히는 면발이 특징이며, 식이섬유가 풍부하고 칼로리는 낮아요. 차가운 비빔면으로 활용하거나 다시마 국물에 넣어 따뜻한 국수로 만들어도 잘 어울리는 면입니다.

포두부

식물성단백질이 풍부한 두부를 압착해서 만든 식품으로 쫄깃한 식감이 있습니다. 일반 두부보다 수분의 양은 적고 단백질과 아미노산 함량은 높습니다. 다양한 재료를 올려 쌈처럼 즐기거나 탄수화물 대체재로서 라이스 페이퍼, 토르티야 대신 사용하면 좋습니다.

두부면

두부를 얇게 압착하여 면처럼 길게 만든 식품입니다. 포두부와 마찬가지로 단백질이 풍부해서 다이어트 음식으로 활용도가 높습니다. 소스를 잘 흡수하기 때문에 볶음면이나 파스타 요리에 사용하면 특히 잘 어울려요.

두유면

콩을 갈아 만든 두유를 사용해 면처럼 얇게 뽑아낸 식품입니다. 따로 삶을 필요 없이 바로 먹을 수 있어 간편합니다. 식이섬유와 단백질 함량도 풍부해요. 잔치국수나 비빔국수 등에 활용해 가볍게 즐겨보세요.

수비드 닭가슴살

단백질 공급원으로 훌륭한 닭가슴살을 삶거나 굽기 귀찮을 때 간편하게 먹기 좋은 제품입니다. 시판 제품을 고를 때는 나트륨 함량이 낮고 수분 함량이 높은 제품을 고르면 촉촉한 닭가슴살을 먹을 수 있습니다.

콩단백 고기

콩단백으로 고기 식감을 재현해낸 제품이에요. 고기가 부담스럽거나 가볍게 먹고 싶을 때 고기 대신 사용하면 좋습니다. 물에 불리거나 냉동 제품을 해동해 요리에 활용하세요. 각종 채소와 볶아 먹거나 햄 대용으로 샌드위치에 넣어도 맛있습니다.

버미셀리

쌀국수면 중 가장 가는 면으로 베트남 음식에 많이 사용해요. 쌀로 만들기 때문에 밀가루면에 비해 소화가 잘되며, 샐러드나 찜 요리에도 잘 어울립니다. 탄수화물 함량이 높으니 적정량을 섭취하길 권장합니다.

통조림 참치

단백질과 불포화지방산이 풍부한 참치를 쉽게 섭취할 수 있는 제품이에요. 요즘은 기름 대신 물에 담긴 제품도 있으니 취향껏 고르면 됩니다. 통조림을 체에 부은 다음 숟가락으로 기름기를 짜내면 불필요한 기름과 나트륨 섭취를 줄일 수 있습니다.

플레인 요거트

단백질과 유산균, 칼슘이 풍부해 장 건강과 다이어트에 도움이 되는 식품입니다. 스위치온 다이어트를 하는 동안 가장 활용도가 높은 식품이 아닐까 합니다. 당이 첨가되지 않은 무가당 플레인 요거트를 권합니다.

단백질강화 식사대용식
(단백질 파우더)

다이어트 중 단백질을 쉽게 보충할 수 있도록 만든 제품으로 두유나 물에 타서 섭취해요. 이 책에서는 특별히 단백질 파우더를 활용한 셰이크와 스무디 레시피를 소개했으니(p.207 참조), 3주 차부터는 다양하게 즐겨보세요.

요리하기 전 미리 알아두세요!

계량하기

양념류는 쉽게 구할 수 있는 밥숟가락, 티스푼을 사용했고, 액체류는 계량컵을 사용했습니다. 계량할 때는 빈 공간이 없도록 가득 담은 후 윗부분을 평평하게 깎아서 사용해요.

간 맞추기

대부분의 간은 소금, 간장, 가자미액젓으로 했습니다. 참치액젓, 새우젓, 국간장 등으로 대체해도 무방합니다. 전체적으로 저염식이라 간이 세지 않으니, 기호에 따라 조금 늘려도 좋습니다.

재료 대체하기

채소나 고기류는 중량에 맞춰서 냉장고 속 재료나 기호에 맞는 식품으로 대체해도 좋습니다. 단, 각 주의 허용 식품에 해당하는지 확인하고 드세요.

불 세기 조절하기

가스레인지를 기준으로 불꽃과 냄비 바닥 사이의 간격을 보고 조절합니다. 단, 집마다 화구의 종류나 화력이 다를 수 있어서 레시피에 적힌 상태를 보며 불 세기를 조절하세요.

인분 수 조절하기

모든 레시피는 1인분을 기준으로 구성되었으므로 원하는 인분 수에 비례하여 재료의 양을 늘리세요. 양념의 경우는 그대로 늘릴 경우 조금 짤 수 있기 때문에 맛을 보며 조절하도록 합니다.

오리엔탈 드레싱의 두부면 샐러드

단백질이 풍부한 두부면을 활용해 만든 누들 샐러드입니다. 두부면과 잘 어울리는 아삭한 채소에 오리엔탈 드레싱을 뿌려 포만감은 물론 맛까지 채웠습니다.
첫 3일간 공복감이 느껴질 때 만들어 드세요.

당질 12g

식이섬유 4g

단백질 20g

 1인분
10~15분

두부면 100g

오이 50g

당근 30g

양파 30g

 미나리 20g
(또는 부추)

 상추 5장(20g)

 깻잎 5장(10g)

오리엔탈 드레싱

진간장 1과 1/2큰술
다진 마늘 1/2큰술
식초 2큰술
알룰로스 1큰술
참기름 2큰술
물 1과 1/2큰술
후춧가루 1/2작은술
(생략 가능)

1 당근, 오이는 5cm 길이로 얇게 채 썬다. 양파는 가늘게 채 썬다.

2 미나리는 5cm 길이로 썬다. 상추는 1cm 폭으로 썰고, 깻잎은 0.5cm 폭으로 썬다.

3 두부면은 물기를 제거하고 2~3등분한다.

ㄴ. 기호에 따라 더 길게, 더 짧게 썰어도 돼요.

4 작은 볼에 오리엔탈 드레싱 재료를 넣어 골고루 섞는다. 그릇에 모든 재료를 담고 오리엔탈 드레싱을 곁들인다.

된장 들기름 드레싱의 두부 샐러드

차가운 샐러드가 내키지 않을 때는 채소를 부드럽게 쪄서 두부와 함께 따뜻하게 먹어보세요. 속도 편안하고 포만감도 느낄 수 있습니다.
특히 들기름과 감칠맛 나는 된장은 한식 샐러드 드레싱으로 은근 잘 어울려요.

- 당질 10g
- 식이섬유 15g
- 단백질 26g

1인분
10~15분

 브로콜리 150g

 두부 1/2모(150g)

 당근 30g

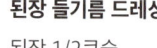

된장 들기름 드레싱

된장 1/2큰술
진간장 1작은술
들기름 3~4큰술
통깨 1과 1/2큰술(생략 가능)
후춧가루 약간(생략 가능)

1 브로콜리는 한입 크기로 썬다. 당근은 얇게 채 썬다.

2 두부는 사방 1cm 크기로 썬다.

3 볼에 된장 들기름 드레싱 재료를 넣어 골고루 섞는다.

4 김이 오른 찜기에 브로콜리, 당근, 두부를 펼쳐 올린 후 1분 30초간 찐다. 한 김 식힌 후 볼에 담고 된장 들기름 드레싱과 잘 버무린다.

TIP
브로콜리와 당근은 다른 채소로 대체해 먹어도 좋습니다.

들기름 드레싱의 두부 샐러드

소화가 잘되는 두부에 채소, 버섯을 곁들인 두부 샐러드예요. 오메가-3 지방산이 풍부하고 향이 좋은 들기름으로 만든 드레싱이 입맛을 살려줍니다.

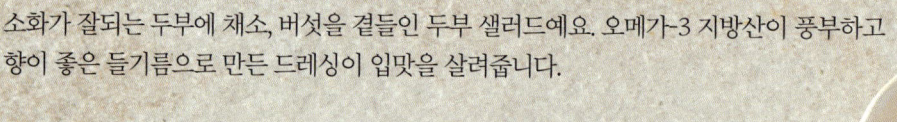

- 당질 10g
- 식이섬유 10g
- 단백질 19g

🥣 1인분
⏱ 10~15분

두부 1/2모(150g)

양파 50g

표고버섯 2개 (40g, 또는 다른 버섯)

파프리카 20g

상추 7~8장(30g)

깻잎 10장(20g)

들기름 드레싱

들기름 3큰술
진간장 1큰술
식초 1큰술
알룰로스 1/3큰술
다진 마늘 1/2큰술
후춧가루 2꼬집(생략 가능)
검은깨 약간(생략 가능)

1 두부는 사방 2cm 크기로 썬다. 끓는 물에 넣어 30초간 데친 후 체에 받쳐 물기를 제거한다.
   ㄴ 기호에 따라 팬에서 구워 겉을 바삭하게 익혀도 좋아요.
2 상추는 한입 크기로 썰고, 깻잎은 1cm 폭으로 썬다. 양파, 파프리카는 가늘게 채 썬다.
3 표고버섯은 모양대로 얇게 썬 후 전자레인지에 넣고 30초간 익힌다.
   ㄴ 표고버섯 대신 다른 버섯으로 대체해도 돼요.
4 작은 볼에 들기름 드레싱 재료를 넣어 골고루 섞는다. 그릇에 손질한 채소들을 잘 섞어 담고 위에 두부, 들기름 드레싱을 곁들인다.

요거트 드레싱의 지중해식 샐러드

평범한 샐러드도 저희 집 특제 소스인 요거트 드레싱을 곁들이면 근사한 지중해식 샐러드로 변신합니다. 부드럽고 상큼한 맛이 일품이에요.

- 당질 20g
- 식이섬유 18g
- 단백질 12g

 1인분
5~10분

아보카도 1개 오이 100g 파프리카 50g

양파 50g  브로콜리 50g

요거트 드레싱

플레인 요거트 5큰술
올리브유 4큰술
소금 1/3큰술
후춧가루 1/2큰술
레몬즙 1/2큰술
알룰로스 1/2큰술
(기호에 따라 생략 가능)
양파 간 것 2큰술

1 아보카도, 브로콜리는 한입 크기로 썬다.
2 오이는 길게 2등분한 후 깍둑 썬다. 파프리카는 씨를 제거하고 깍둑 썬다. 양파는 가늘게 채 썬다.
3 내열 용기에 브로콜리를 담고 전자레인지에 넣어 30초~1분간 익힌다.
4 볼에 요거트 드레싱 재료를 넣어 골고루 섞는다. 그릇에 재료들을 골고루 담고 요거트 드레싱을 곁들인다.

포두부 쌈무말이

알싸한 겨자 소스에 찍어 먹는 포두부 쌈무말이입니다. 새콤달콤한 쌈무와 고소한 포두부 속에 채소와 닭가슴살을 넣어 다양한 맛을 느낄 수 있습니다. 채소는 기호에 따라 가감하거나 변경해서 즐겨보세요.

- 당질 6g
- 식이섬유 5g
- 단백질 27g

 1인분
20~25분

포두부 8~10장

깻잎 8~10장

쌈무 8~10장

시판 닭가슴살 1개(100g)

오이 7~80g

파프리카 40g

겨자 소스

진간장 2/3큰술
물 1/2큰술
식초 1/2큰술
연겨자 조금(기호에 맞게 가감)

1 시판 닭가슴살은 잘게 찢는다.
2 오이, 파프리카는 채 썬다.
3 포두부 → 쌈무 → 깻잎 순으로 올리고, 닭가슴살, 오이, 파프리카를 올려 돌돌 만다.
4 작은 볼에 겨자 소스 재료를 넣고 골고루 섞은 후 포두부 쌈무말이에 곁들인다.

┗ 쌈무가 새콤달콤하고 간이 있어 그냥 먹거나 소스를 기호에 맞게 찍어 먹어요.

들기름 해초국수

들깻가루와 들기름을 넣어 고소함이 가득한 비빔국수입니다. 100% 해초로 만든 국수에 단백질이 풍부한 두부를 곁들여 가볍고 건강하게 즐길 수 있습니다.

- 당질 15g
- 식이섬유 9g
- 단백질 23g

1인분
10~15분

해초국수 100g
(미역, 톳, 다시마 국수 등)

두부 1/2모 (150g)

들기름 3큰술

양념
들깻가루 2큰술
진간장 1큰술
다진 마늘 1큰술

쌈무 35g
(또는 묵은지)

깻잎 8장(16g)

대파 10g

1 해초국수는 체에 받쳐 흐르는 물에 헹군 후 물기를 제거한다.

2 쌈무는 물기를 꼭 짠 후 0.5cm 두께로 썬다. 깻잎은 가늘게 채 썰고, 대파는 송송 썬다.

3 볼에 해초국수, 두부, 쌈무, 대파, 양념 재료를 넣고 두부를 으깨어가며 버무린다.

4 그릇에 담고 깻잎을 올린 후 들기름을 두른다.

청포묵 들기름구이와 채소무침

무침으로 주로 먹던 청포묵을 색다르게 즐길 수 있는 요리입니다. 청포묵을 들기름에 구운 후 아삭한 식감이 있는 숙주와 미나리를 무쳐 함께 먹습니다. 단독으로 먹어도 좋고, 단백질 음식에 곁들여 먹어도 잘 어울려요.

당질 30g

식이섬유 7g

단백질 5g

 1인분
20~25분

청포묵 300g

숙주 80g

미나리 50g

진간장 1작은술

양념
참기름 1큰술
진간장 1/2큰술
통깨 1작은술
후춧가루 2꼬집

들기름 2큰술

김가루 약간

1. 청포묵은 두께 1cm, 길이 6cm 크기로 썬다. 미나리는 5cm 길이로 썬다.
2. 내열 용기에 숙주, 미나리를 넣고 전자레인지에서 1분간 익힌 후 찬물에 헹궈 물기를 꼭 짠다. 볼에 양념 재료를 넣고 골고루 섞은 후 익힌 숙주, 미나리를 넣어 무친다.
3. 달군 팬에 들기름을 두르고 청포묵을 올려 중간 불에서 앞뒤로 노릇하게 굽는다.
4. 청포묵이 투명해지면 진간장을 골고루 묻힌 후 불을 끈다. 접시에 청포묵을 올리고 그 위에 김가루를 뿌린 후 ②를 곁들인다.

채소볶음을 올린 두부 스테이크

두부를 두툼하게 썰어 스테이크처럼 구워 먹는 요리입니다.
불포화지방산이 많은 들기름까지 더해져 영양 만점 다이어트식이 됩니다.

당질 8g
식이섬유 11g
단백질 32g

 1인분
 30~35분

부침용 두부 1모(300g)

양파 30g

대파 30g

들기름 2큰술
진간장 1큰술
가자미액젓 1작은술
(또는 참치액젓)
소금 2꼬집
후춧가루 3꼬집
검은깨 1꼬집(또는 통깨)

파프리카 20g

표고버섯 1개
(20g, 또는 다른 버섯)

1 두부는 넓게 2등분해 키친타월에 올려 물기를 제거한 후 앞뒤로 소금 1꼬집씩 뿌린다.
2 양파는 가늘게 채 썰고, 파프리카, 대파는 5cm 길이로 가늘게 채 썬다. 표고버섯은 모양대로 얇게 썬다.
3 달군 팬에 들기름(1큰술)을 두르고 두부를 올려 중간 불에서 약한 불로 줄이면서 앞뒤로 노릇하게 구워 접시에 덜어둔다.
4 팬을 계속 달궈 들기름(1큰술)을 더 두른 후 대파를 넣고 살짝 볶다가 양파, 파프리카, 표고버섯을 함께 볶는다.
5 진간장, 가자미액젓, 후춧가루를 넣고 채소들의 숨이 죽을 정도로만 중간 불에서 빠르게 볶는다. 두부 위에 볶은 채소를 올리고 검은깨를 뿌린다.

두부 양배추 오믈렛

달걀물에 잘게 으깬 두부와 채소를 넣어 오믈렛을 만들었어요. 다양한 컬러의 채소 샐러드를 곁들이면 근사한 브런치 메뉴가 됩니다. 올리브유와 레몬즙을 뿌려 상큼하게 즐겨보세요.

당질 13g

식이섬유 5g

단백질 20g

 1인분
 20~25분

양배추 50g

당근 40g

달걀 2개

아보카도유 1/2큰술
(또는 다른 식용유)
소금 1작은술
후춧가루 1꼬집
맛술 1큰술
참기름 1큰술

샐러드 드레싱

올리브유 1/2큰술
후춧가루 2꼬집
소금 2꼬집
레몬즙 1작은술
(기호에 따라 가감)

부침용 두부 1/6모(50g)

파프리카 30g (또는 오이)

루꼴라 20g

1 양배추, 당근은 가늘게 채 썬다. 파프리카는 사방 1cm 크기로 썬다.

2 두부는 볼에 넣어 으깬다.

3 달군 팬에 아보카도유를 두르고 양배추, 당근, 소금(1/2작은술), 후춧가루를 넣고 숨이 죽을 정도로 중간 불에서 살짝 볶는다.

4 ②의 볼에 달걀, ③의 볶은 채소, 맛술, 소금(1/2작은술), 참기름을 넣고 골고루 섞는다.

5 달군 팬에 아보카도유를 살짝 바르고 ④를 붓고 뚜껑을 덮어 약한 불로 익힌다. 윗면이 익으면 반으로 접는다. 접시에 담고 루꼴라, 파프리카, 샐러드 드레싱을 올려 곁들인다.

시금치와 버섯 해산물볶음

따뜻한 샐러드처럼 즐기는 요리입니다. 재료를 각각 볶아서 본연의 식감과 맛을 살렸어요.
발사믹 식초를 넣은 드레싱이 감칠맛과 풍미를 더해 간이 세지 않아도 맛있게 먹을 수 있습니다.

당질 12g

식이섬유 7g

단백질 25g

 1인분
20~25분

 시금치 100g

모둠 버섯 100g
(표고버섯, 팽이버섯 등)

올리브유 3큰술
굴소스 1작은술
후춧가루 약간
크러쉬드 페퍼 약간
(또는 페퍼론치노, 생략 가능)

드레싱
올리브유 3큰술
레몬즙 1작은술
발사믹 식초 1큰술
후춧가루 약간
물 1큰술

모둠 해산물 150~200g
(관자, 오징어, 새우 등)

1 시금치는 2~3등분한다. 모둠 버섯은 채 썰거나 가닥가닥 뜯는다.

2 볼에 드레싱 재료를 넣어 골고루 섞는다.

3 달군 팬에 올리브유(1큰술)를 두르고 시금치, 굴소스, 후춧가루를 뿌려 1분간 볶은 후 덜어둔다.

4 팬을 다시 달궈 올리브유(1큰술)를 두르고 모둠 버섯을 넣는다. 중간 불에 1분간 노릇하게 구워 시금치 위에 올린다.

5 팬을 다시 달궈 올리브유(1큰술)를 두르고 모둠 해산물, 후춧가루, 크러쉬드 페퍼를 넣는다. 중간 불에서 2~3분간 볶은 후 버섯 위에 올린다. 드레싱을 곁들인다.

밥 없는 볶음밥

밥 대신 잘게 다진 양배추를 듬뿍 넣어 볶음밥을 만들었어요. 밥은 들어가지 않았지만 아삭한 양배추 식감과 그럴듯한 비주얼 덕분에 제대로 볶음밥 한 그릇을 먹은 기분이 난답니다. 요리 초보자도 쉽게 만들 수 있어요.

당질 30g

식이섬유 11g

단백질 44g

 1인분
 20~25분

양배추 1/4개

닭안심 2쪽

달걀 2개

아보카도유 5큰술
(또는 다른 식용유)
다진 마늘 1큰술
굴소스 1큰술
소금 약간
후춧가루 약간
들기름 1큰술

대파 20cm

1 양배추는 밥처럼 즐길 수 있도록 잘게 다진다. 대파는 송송 썬다.

2 닭안심은 사방 1cm 크기로 썬다.

3 달군 팬에 아보카도유(4큰술)를 두르고 중간 불에서 다진 마늘, 대파를 넣어 향이 올라올 때까지 볶는다.

4 양배추, 닭안심, 굴소스를 넣어 중간 불에서 볶는다. 양배추의 숨이 죽고 수분이 나오면 소금, 후춧가루를 넣는다.

　┗ 시판 닭가슴살을 사용할 경우 양배추 숨이 죽을 때쯤 넣고, 굴소스의 양도 약간 줄여서 넣어요.

5 팬의 한쪽으로 재료를 모은 후 빈 곳에 아보카도유(1큰술)를 두르고 달걀을 넣어 스크램블을 만든다. 달걀이 거의 다 익으면 재료를 같이 섞고 불을 끈 후 들기름을 두른다.

밥 없는 건강 김밥

일반 김밥과 달리 밥이 들어가지 않아 1주 차에 마음껏 즐길 수 있는 김밥입니다.
포두부, 돼지고기, 달걀로 단백질을 가득 채운 김밥이라 한 줄만 먹어도 든든해요.
단무지 대신 아삭한 묵은지를 넣어 감칠맛을 더했습니다.

- 당질 5g
- 식이섬유 5g
- 단백질 39g

1인분
20~25분

| 김밥 김 1과 1/2장 | 돼지고기 100g (목살, 전지, 불고기용 등) | 달걀 3개 | 포두부 2장 (생략 가능) | 소금 5꼬집
아보카도유 약간
(또는 다른 식용유)
진간장 1/2큰술
알룰로스 1/2큰술
참기름 1/2큰술 |

묵은지 2장 | 깻잎 4장 (기호에 따라 가감) | 당근 50g

1 작은 볼에 달걀과 소금(3꼬집)을 넣고 잘 푼다.
2 당근은 가늘게 채 썰고, 묵은지는 물에 헹군 후 물기를 꼭 짠다.
3 달군 팬에 아보카도유를 두르고 당근, 소금(2꼬집)을 넣어 중간 불에 2분간 볶은 후 덜어둔다.
4 ③의 팬을 계속 달궈 돼지고기를 올려 중간 불에서 익히다가 거의 다 익어가면 진간장, 알룰로스, 참기름을 발라가며 마저 익힌 후 덜어둔다.
5 달군 팬에 아보카도유를 두르고 달걀물을 부어 중간 불에서 반쯤 익으면 포두부 → 당근 → 돼지고기를 올려 달걀말이를 하듯 말아 익힌다.
6 김밥 김 1장과 1/2장을 물로 이어 붙인다. 그 위에 깻잎, 묵은지, 달걀말이 순으로 올려 단단하게 감싼 후 돌돌 만다. 김에 참기름을 바르고 한입 크기로 썬다.

연어 포케

포케는 탄수화물, 단백질, 채소를 한 번에 먹을 수 있는 균형 잡힌 메뉴입니다. 좋아하는 재료를 자유롭게 추가해 먹는 즐거움도 있지요. 너무 달거나 짜지 않은 드레싱으로 선택해 먹는 게 중요합니다.

- 당질 40g
- 식이섬유 10g
- 단백질 40g

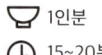

- 1인분
- 15~20분

현미밥 100g 
연어 100g 
생새우살 5~6마리(50g) 
양상추 1줌

삶은 병아리콩 30g(생략 가능)
올리브유 1큰술
다진 마늘 1작은술
후춧가루 1꼬집
소금 1꼬집

파프리카 50g
오이 70g
양파 30g
아보카도 1/2개

드레싱

진간장 1과 1/2큰술
물 1과 1/2큰술
참기름 1큰술
올리브유 1큰술
알룰로스 1작은술
다진 마늘 1작은술
후춧가루 1작은술

1 연어는 한입 크기로 깍둑 썬다. 양상추, 파프리카는 한입 크기로 썬다.
2 아보카도는 2cm 두께로 썬다. 양파는 3cm 길이로 채 썰고, 오이는 길게 2등분한 후 모양대로 2cm 두께로 썬다.
3 달군 팬에 올리브유를 두르고 다진 마늘을 넣어 중약 불에서 노릇하게 볶는다. 생새우살, 후춧가루, 소금을 넣고 더 볶는다.
4 그릇에 양상추를 깔고 현미밥을 올린 후 나머지 재료를 돌려 담고 연어를 올린다. 볼에 드레싱 재료를 넣어 섞은 후 연어 위에 부어 골고루 섞는다.

콩단백 고기 채소볶음

몸에 좋은 콩단백을 이용한 콩고기로 육류의 맛과 식감을 느낄 수 있는 메뉴입니다.
여러 가지 채소와 함께 볶아 먹으면 영양 밸런스도 좋고 건강하고 든든한 한 끼 식사가 됩니다.

- 당질 18g
- 식이섬유 11g
- 단백질 21g

1인분
15~20분

건조 콩단백 고기 15g(불린 후 150g)

양배추 20g

당근 15g

아보카도유 2큰술
(또는 다른 식용유)
진간장 1큰술
후춧가루 3꼬집
참기름 1큰술
통깨 약간

표고버섯 2개(40g)

대파 30g

시금치 30g

1. 콩단백 고기는 물에 담가 10분간 불린 후 2번 정도 헹궈 물기를 꼭 짠다.
2. 양배추, 당근은 한입 크기로 썬다. 표고버섯은 모양대로 썰고, 대파는 어슷 썬다. 시금치는 뿌리를 제거하고 잎만 준비한다.
3. 달군 팬에 아보카도유를 두르고 대파를 올려 중약 불에 노릇하게 구워 파 향을 낸다.
4. ③에 콩단백 고기, 양배추, 당근, 표고버섯, 시금치를 넣고 중간 불로 올려 볶는다. 숨이 살짝 죽으면 진간장, 후춧가루를 넣어 2~3분간 더 볶은 후 불을 끈다. 부족한 간은 소금으로 더한다.
접시에 담고 참기름, 통깨를 뿌린다.

대구살 새우 배추찜

배추는 달큰한 맛이 좋을 뿐 아니라 식이섬유도 풍부해 적극 추천하는 채소입니다. 특히 찌는 조리법에 잘 어울려서 생선, 해산물과 찐 다음 소스를 곁들이면 단백질과 식이섬유가 풍부한 건강식이 됩니다. 약간의 버미셀리면을 삶아 같이 먹어도 잘 어울립니다.

- 당질 15g
- 식이섬유 4g
- 단백질 41g

1인분 · 30~35분

냉동 대구살 1토막(150g)
생새우살 3~4마리(큰 것, 60g)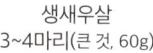
알배추 약 1/2개(200g)

소금 2꼬집
후춧가루 2꼬집
다진 파 2큰술

소스
아보카도유 3큰술(또는 다른 식용유)
다진 파 30g
물 5큰술
진간장 2큰술
다진 생강 1/2큰술
굴소스 1큰술
다진 청양고추 1~2개
(기호에 따라 가감, 생략 가능)

1 냉동 대구살은 해동한 후 앞뒤로 각각 소금(1꼬집), 후춧가루(1꼬집)로 밑간한다. 알배추는 길게 2등분한다.

2 김이 오른 찜기에 알배추, 대구살, 생새우살을 올려 10분간 찐다. 이때 새우는 5분 정도 익힌 후 먼저 꺼낸다.

3 익은 알배추는 먹기 좋은 크기로 썰어 새우, 대구살과 함께 접시에 담는다.

4 달군 팬에 아보카도유를 두르고 다진 파를 올려 센 불에서 1분간 볶는다. 나머지 소스 재료를 넣어 중간 불에서 2~3분간 더 끓인 후 ③의 위에 붓는다.

매콤 닭다리살 채소볶음

쫄깃한 닭다리살과 채소를 중국풍 양념에 볶아 푸짐하게 먹을 수 있는 메뉴입니다. 고추기름의 매콤한 향이 가득하기 때문에 다이어트 메뉴라는 생각이 들지 않아요. 떡국 떡을 추가하거나 밥을 곁들여 저탄수화물 식사로 먹어도 좋습니다.

- 당질 18g
- 식이섬유 7g
- 단백질 53g

 1인분
25~30분

닭다리살 200g

가지 1/2개

양파 40g

꽈리고추 3~4개

애호박 40g

표고버섯 1개(20g)

양념장
진간장 1큰술
굴소스 1큰술
다진 마늘 1큰술
물 2큰술
후춧가루 1작은술
다진 생강 1/2작은술
고추기름 3큰술
(또는 라조장 1큰술)

1 가지, 애호박은 2등분한 후 1cm 두께로 썬다. 양파는 한입 크기로 썬다. 표고버섯은 4등분한다.

2 작은 볼에 양념장 재료를 넣어 섞는다.

3 달군 팬에 닭다리살을 올려 중간 불에서 앞뒤로 노릇하게 굽는다. 한입 크기로 썬 후 다시 팬에 넣는다.

4 ③에 가지, 애호박, 양파, 표고버섯, 꽈리고추, 양념장을 넣고 중간 불에 5~7분간 더 볶는다.

손쉬운 닭곰탕

뜨끈한 국물 요리가 먹고 싶을 때는 닭고기를 듬뿍 넣어 끓인 닭곰탕을 추천합니다.
좀 더 진한 국물 맛을 원한다면 뼈째로 넣어 끓이는 것을 추천해요.
닭고기와 시원한 무를 듬뿍 넣어 밥을 곁들이지 않아도 든든하게 즐길 수 있어요.

- 당질 12g
- 식이섬유 4g
- 단백질 62g

1인분
35~40분

닭고기 300g
(닭볶음탕용, 다리살, 가슴살, 안심살 등)

무 50g

물 100ml
다진 마늘 1/2큰술
국간장 2큰술
후춧가루 1/2작은술
소금 약간

대파 100g

다시마 2장
(기호에 따라 가감)

양파 40g

1 무는 얇게 나박 썰고, 양파는 2~4등분한다. 대파 1/2분량은 3cm 길이로 썰어 2등분하고, 나머지는 그대로 육수용으로 사용한다.
2 냄비에 물, 다시마, 양파, 무, 육수용 대파를 넣고 중간 불에서 10분간 끓인다.
3 다시마, 육수용 대파, 양파는 건져내고 닭고기, 대파를 넣어 중간 불에서 5~7분간 더 끓인다.
4 무, 대파는 남기고 닭고기는 건져낸 후 껍질을 제거하고 살은 잘게 찢는다. 다진 마늘, 국간장, 후춧가루를 넣어 버무린다. 그릇에 닭고기를 담고 국물을 붓는다.

ㄴ 부족한 간은 소금으로 맞추고, 기호에 따라 고춧가루나 밥을 곁들여도 좋아요.

땅콩버터 요거트 드레싱과 채소 닭가슴살쌈

라이스 페이퍼에 아삭한 채소, 부드러운 닭가슴살을 넣어 간단하게 먹을 수 있는 메뉴입니다.
요거트에 고소한 땅콩버터를 넣어 만든 소스 덕분에 맛이 더욱 특별해요.

- 당질 40g
- 식이섬유 7g
- 단백질 37g

 1인분
20~25분

양배추 80g

당근 80g

양파 30g

식초 1큰술
소금 1/2큰술

땅콩버터 요거트 드레싱

플레인 요거트 3큰술
땅콩버터 1큰술
올리브유 1큰술
레몬즙 1큰술(또는 식초)
후춧가루 3꼬집

닭가슴살 100g

오이 1/2개

라이스 페이퍼 4장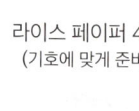
(기호에 맞게 준비)

1 양배추, 당근, 양파는 가늘게 채 썬다. 오이는 감자칼로 얇고 넓적하게 슬라이스한다. 닭가슴살은 잘게 찢는다.
2 볼에 양배추, 당근, 양파를 넣고 가볍게 섞은 뒤 식초, 소금을 넣어 버무린다. 10분간 절인 후 물기를 꼭 짠다.
3 따뜻한 물에 라이스 페이퍼 1장을 넣었다 빼 접시나 도마에 넓게 편 후 오이 2장, 절인 채소, 닭가슴살을 올려 단단하게 만다. 같은 방법으로 3개 더 만든다.
4 작은 볼에 땅콩버터 요거트 드레싱 재료를 넣고 골고루 섞어 곁들인다.

포두부 낫토쌈

단백질이 풍부한 낫토와 두부를 포두부 위에 올려 쌈으로 먹는 요리입니다.
새콤한 묵은지와 향긋한 깻잎, 고소한 김가루로 감칠맛을 더했습니다.

당질 7g

식이섬유 8g

단백질 14g

1인분
10~15분

포두부 6장

깻잎 6장

부침용 두부 1/6모(50g)

낫토 1팩(50g)

소스
낫토에 동봉된 겨자소스 1개
낫토에 동봉된 간장소스 1개
진간장 1큰술
참기름 1큰술

묵은지 15g

청양고추 1개 (생략 가능)

김가루 약간

1 포두부, 깻잎은 키친타월로 물기를 닦는다. 묵은지는 물에 양념을 씻어내고 물기를 꼭 짠 후 잘게 썬다. 청양고추는 잘게 다진다.

2 두부는 물기를 제거하고 볼에 담아 으깬다.

3 ②의 볼에 낫토, 묵은지, 청양고추를 넣고 소스 재료를 추가해 골고루 버무린다.

4 접시에 포두부, 깻잎을 올린 후 ③을 나눠 올리고, 김가루를 뿌린다.

굴 미나리무침

단백질과 각종 비타민, 미네랄이 풍부한 굴과 미나리를 새콤하게 무친 메뉴예요. 생굴이 부담스럽다면 살짝 데친 후 사용해도 좋고, 굴을 구하기 힘든 계절에는 다른 조갯살로 대체해도 무방합니다. 밥을 곁들여 먹어도 좋아요.

- 당질 32g
- 식이섬유 15g
- 단백질 47g

 1인분
 10~15분

 굴 350g (중간 크기)

 미나리 200g (줄기 부분)

 쪽파 100g

양념

진간장 1큰술
고추가루 2큰술
다진 마늘 1과 1/2큰술
알룰로스 1/2큰술
식초 2큰술
통깨 2큰술

1 볼에 굴, 소금 1큰술을 넣고 물에 3~4번 헹궈 체에 밭쳐 10분간 물기를 제거한다.
2 미나리는 5cm 길이로 썰고, 쪽파는 2cm 길이로 썬다.
3 볼에 양념 재료 넣어 골고루 섞는다.
4 ③의 볼에 굴, 미나리, 쪽파를 넣고 살살 버무린다.
  ↳ 먹기 직전 바로 양념에 버무려야 물이 생기지 않아요.

참치 낫토 비빔밥

낫토는 단백질뿐 아니라 식이섬유도 풍부한 식품입니다.
호불호가 있긴 하지만 여러 재료를 넣어 비빔밥으로 즐기면 거부감 없이 맛있게 먹을 수 있어요.
밥의 양이 적어도 다른 토핑 재료들이 많아서 충분히 포만감을 느낄 수 있습니다.

- 당질 42g
- 식이섬유 11g
- 단백질 32g

1인분
10~15분

현미밥 100g
낫토 1팩(50g)
통조림 참치 1개(85g, 작은 것)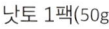

낫토에 동봉된 겨자소스 1개
낫토에 동봉된 간장소스 1개
김가루 3큰술
달걀노른자 1개
참기름 2큰술

깻잎 6~7장(12g)
양파 30g
묵은지 30g

1 통조림 참치는 체에 올려 숟가락으로 기름기를 꾹 눌러 짠다.
2 깻잎, 양파는 얇게 채 썰고, 묵은지는 사방 0.5cm 크기로 다진다.
3 현미밥에 깻잎, 묵은지, 양파, 김가루를 돌려 담고 참치, 낫토를 올린다.
4 달걀노른자를 얹고 낫토에 동봉된 겨자소스, 간장소스, 참기름을 뿌린다.

해물 순두부 달걀탕

맑은 순두부 달걀탕에 해물이 더해져 국물 맛이 정말 시원합니다.
냄비에 순서대로 넣어 끓이면 되니 만들기도 쉬워요.
국물 요리가 당길 때 심심하게 만들어 드세요.

- 당질 6g
- 식이섬유 2g
- 단백질 39g

1인분
15~20분

모둠 해산물 100g (또는 크래미)

표고버섯 1개 (20g)

대파 20g

순두부 100g

달걀 2개

물 2큰술
참기름 1과 1/2큰술
다진 마늘 1큰술
물 300ml
가자미액젓 1큰술
(또는 국간장, 참치액젓, 새우액젓)
후춧가루 3꼬집

1 표고버섯은 모양대로 얇게 썬 후 2등분한다. 대파는 송송 썬다. 볼에 달걀을 깨뜨려 푼 후 물(2큰술)을 넣어 섞는다.

2 달군 냄비에 참기름(1/2큰술)을 두르고 모둠 해산물, 다진 마늘을 넣어 중약 불에서 1분간 겉면이 살짝 익을 정도로 볶는다.

3 물(300ml)을 붓고 중간 불로 올려 끓인다. 끓어오르면 약한 불로 줄여 5분간 끓인다. 끓으면서 생기는 거품은 걷어낸다. 표고버섯, 가자미액젓을 넣고 달걀물을 천천히 나누어 붓는다.

4 달걀이 익을 때까지 젓지 않고 기다렸다가 달걀이 익을 때쯤 순두부를 넣고 숟가락으로 먹기 좋은 크기로 자른다. 대파를 넣고 1분간 더 끓인 후 불을 끄고 참기름(1큰술), 후춧가루를 넣어 섞는다.

배추 무 도토리전

항산화 효과는 물론 식이섬유가 풍부한 도토리 가루를 이용한 전 요리입니다. 소화에 부담 없고 만들기도 쉽습니다. 배추, 무, 미나리 등 각종 채소를 넣어 아삭한 식감도 더했습니다.

- 당질 69g
- 식이섬유 24g
- 단백질 5g

1인분
20~25분

도토리 가루 100g

알배추 50g

무 50g

홍고추 2개 (또는 당근 1/4개)

미나리 2줄기

물 100ml
가자미액젓 1큰술 (또는 참치액젓, 새우젓, 국간장)
아보카도유 2큰술 (또는 다른 식용유)
들기름 2큰술

양념장
진간장 1큰술
식초 1/2큰술
물 1큰술

1. 볼에 도토리 가루, 물, 가자미액젓을 넣고 골고루 섞는다.
2. 알배추는 1cm 두께로 채 썬다. 무는 채칼로 가늘게 채 썬다. 홍고추는 가늘게 채 썰고, 미나리는 3cm 길이로 썬다.
3. ①의 볼에 알배추, 무, 홍고추, 미나리를 넣고 골고루 섞는다.
4. 달군 팬에 아보카도유를 두르고 반죽을 올려 눌러가며 중약 불에서 익힌다. 윗면에 들기름을 두른 후 뒤집어서 익힌다. 작은 볼에 양념장 재료를 넣어 섞은 후 곁들인다.

   ㄴ, 기호에 따라 청양고추를 다져 넣어 부쳐도 맛있습니다.

버미셀리 해산물 잡채

일반 당면보다 식이섬유가 풍부하고 칼로리도 낮은 버미셀리를 사용해 만든 잡채입니다.
해산물과 채소를 듬뿍 넣어 한 그릇 푸짐하게 먹을 수 있어요.
이렇게 재료를 달리하면 잡채도 다이어트식으로 충분히 즐길 수 있습니다.

당질 38g

식이섬유 7g

단백질 48g

1인분
25~30분

버미셀리 100g

오징어 몸통 1마리(100g)

생새우살 8~10마리(100g)

표고버섯 3개(60g)

파프리카 50g

양파 40g

시금치 70g

아보카도유 2큰술
(또는 다른 식용유)
다진 마늘 1큰술
물 100ml
진간장 2큰술
굴소스 1/2큰술
알룰로스 1/2큰술
후춧가루 1작은술
참기름 2큰술
통깨 1큰술

1 끓는 물에 버미셀리를 넣어 살짝 데친 후 체에 받쳐 물기를 제거한다.

2 양파, 파프리카는 가늘게 채 썰고, 표고버섯은 모양대로 썬다. 시금치는 2~3등분한다.

3 오징어는 링 모양으로 1cm 폭으로 썬다.

4 달군 팬에 아보카도유를 두르고 다진 마늘을 넣고 중간 불에서 1분간 볶는다. 표고버섯, 파프리카, 양파, 생새우살, 오징어를 넣어 센 불에 3분간 더 볶는다.

5 물, 진간장, 버미셀리를 넣고 센 불에 30초간 볶는다. 시금치를 넣고 중간 불로 줄여 3분간 더 볶는다.

6 굴소스, 알룰로스, 후춧가루를 넣고 중간 불에 1분간 더 볶는다. 불을 끄고 참기름을 두른 후 통깨를 뿌린다.

두부면 팟타이

태국 음식 팟타이를 두부면으로 대체해 만든 건강한 면 요리입니다. 피시소스와 라임즙으로 이국적인 풍미를 더했기 때문에 늘 먹던 다이어트식과는 완전히 다른 느낌이 들 거예요. 기호에 따라 고수를 곁들여도 좋아요.

- 당질 30g
- 식이섬유 8g
- 단백질 46g

1인분
25~30분

두부면 100g 
숙주 150g (기호에 따라 가감) 
생새우살 6~8마리 (80g, 또는 다른 해산물)
파기름 2큰술 (또는 아보카도유)
다진 마늘 1큰술

양파 40g 
쪽파 3줄기

다진 땅콩 약간 (생략 가능)

달걀 1개

소스
피시소스 3큰술
굴소스 1큰술
고추기름 2큰술 (또는 식용유)
라임즙 3큰술 (또는 레몬즙, 식초)
알룰로스 2큰술
페퍼론치노 2꼬집 (생략 가능)
물 5큰술
후춧가루 1/2작은술

1 두부면은 물에 헹군 후 체에 밭쳐 물기를 제거한다. 양파는 가늘게 채 썰고, 쪽파는 5cm 길이로 썬다.
2 작은 볼에 소스 재료를 넣고 골고루 섞는다.
3 달군 팬에 파기름을 두르고 다진 마늘을 넣어 센 불에서 향이 올라올 때까지 볶은 후 양파를 넣고 중간 불로 줄여 1분간 볶는다.
4 생새우살을 넣고 반쯤 익으면 두부면, 소스를 넣어 2~3분간 더 볶는다.

　ㄴ, 소스는 2/3분량만 먼저 넣고 간을 본 후 기호에 따라 추가해요.

5 쪽파, 숙주를 넣고 골고루 섞는다.
6 재료를 팬의 한쪽으로 모은 후 달걀을 풀어 스크램블하듯 익혀 함께 섞는다. 접시에 담고 다진 땅콩을 뿌린다.

닭다리살 대파 두부면 파스타

다이어트 중 파스타가 먹고 싶다면 두부면으로 대체해보세요.
단백질 섭취는 높이고 탄수화물 섭취는 낮출 수 있어 추천합니다.
대파와 마늘을 듬뿍 넣어 향긋함을 살리고 쫄깃한 닭다리살을 곁들여 담백하면서도 든든해요.

당질 15g

식이섬유 3g

단백질 21g

 1인분
30~35분

닭다리살 150g

두부면 100g

올리브유 1/2큰술
소금 1/2작은술
후춧가루 1/2작은술

소스

진간장 1큰술
굴소스 1큰술
참치액젓 1/2큰술
올리브유 5큰술
물 10큰술(농도 보며 조절)
후춧가루 1/2큰술
알룰로스 1큰술
페퍼론치노 1/2작은술(또는 청양고추)

마늘 10~15개

대파 60g

1 닭다리살의 기름을 제거한다. 대파는 2cm 두께로 썬다. 두부면은 물에 헹궈 체에 받쳐 물기를 제거한다.

2 달군 팬에 올리브유를 두르고 닭다리살을 올려 앞뒤로 노릇하게 구운 후 한입 크기로 썬다. 다시 팬에 넣고 소금, 후춧가루를 뿌려 중간 불에서 3분간 더 익힌 후 덜어둔다.

3 ②의 팬을 계속 달궈 대파, 마늘을 넣어 노릇하게 굽는다.

4 닭다리살, 두부면, 소스 재료를 넣고 중간 불에서 3분간 더 볶는다.

명란 두부면 파스타

명란 파스타를 두부면으로 간단하게 만들어보세요. 아스파라거스, 새우를 더해 더욱 푸짐하게 만들었습니다. 명란젓은 막을 제거하고 저염 제품을 사용하면 더 좋습니다.

- 당질 5g
- 식이섬유 1g
- 단백질 36g

1인분
20~25분

두부면 100g

생새우살 5~8마리
(80g, 기호에 따라 가감)

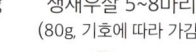
아스파라거스 30g
(또는 마늘쫑)

올리브유 3큰술
다진 마늘 1/2큰술
명란젓 1큰술
물 5큰술
후춧가루 4꼬집

양파 40g

1 두부면은 찬물에 헹궈 체에 밭쳐 물기를 제거한다. 아스파라거스는 3cm 길이로 썰고, 양파는 가늘게 채 썬다.
2 달군 팬에 올리브유를 두르고 다진 마늘, 양파를 넣고 중간 불에서 1분간 볶는다.
3 아스파라거스, 명란젓, 생새우살을 넣고 새우가 다 익을 때까지 중간 불에 1~2분간 볶는다.
4 물, 두부면을 넣고 조금 더 볶은 후 후춧가루를 뿌린다.

　ㄴ. 기호에 따라 올리브유를 추가해서 볶아도 좋아요.

들깨 순두부 해초국수

들깻가루를 가득 넣은 들깨 순두부찌개를 변형해 국수 요리를 만들었어요.
밀가루 없이 100% 해초로 만든 건강한 면을 넣어 맛과 영양을 잡았습니다.

- 당질 18g
- 식이섬유 5g
- 단백질 29g

1인분
15~20분

순두부 180g

해초국수 100g (미역, 톳, 다시마 국수 등)

황태 10g

물 300ml
가자미액젓 1큰술
(또는 국간장, 참치액젓, 새우액젓 등)
다진 마늘 1큰술
들깻가루 2큰술

표고버섯 3개 (60g, 또는 다른 버섯)

대파 10g

다시팩 1개

1 황태는 1cm 크기로 자른다. 표고버섯은 모양대로 얇게 썰고, 대파는 송송 썬다.

2 냄비에 물을 붓고 다시팩, 황태를 넣어 센 불에서 끓인다. 끓어오르면 중간 불로 줄여 5분간 끓인다.

3 ②의 냄비에서 다시팩을 건져내고 표고버섯, 순두부를 넣는다. 순두부는 숟가락으로 먹기 좋게 자른다.

4 가자미액젓, 다진 마늘을 넣고 중간 불에서 3분간 더 끓인다. 해초국수, 들깻가루, 대파를 넣고 끓어오르면 불을 끈다.

된장 돼지고기 배추찜

배추와 돼지고기를 된장 양념에 버무려 뭉근하게 쪄낸 메뉴입니다.
달큰한 배추에서 수분이 나오기 때문에 자박한 국물 요리처럼 즐길 수도 있어요.

- 당질 9g
- 식이섬유 6g
- 단백질 29g

(1인분당)

 2인분
30~35분

 돼지고기 250g
(불고기용, 목살, 전지 등)

 배추 400g

 대파 30g

참기름 2큰술

양념
된장 1큰술
쌈장 1큰술
다진 마늘 1큰술
후춧가루 1작은술
고춧가루 1큰술
(기호에 따라 가감, 생략 가능)
물 150ml

1 배추는 한입 크기로 썰고, 대파는 어슷 썬다.
2 작은 볼에 양념 재료를 넣어 골고루 섞는다.
3 냄비에 배추를 깔고 돼지고기, 대파를 올린다. 그 위에 양념을 부은 후 중간 불로 익힌다. 끓어오르면 약한 불로 줄여 10분간 뚜껑을 덮고 익힌다.
4 위아래로 골고루 섞은 후 뚜껑을 덮고 10분간 더 익힌다. 배추가 물러지고 돼지고기가 익으면 참기름을 넣고 골고루 섞는다.

시금치 크림소스의 대구 스테이크

담백한 흰살생선인 대구살을 이용해 만든 스테이크 요리입니다.
우유, 치즈를 넣어 만든 시금치 크림소스를 곁들이면 대구살의 담백한 풍미가 더욱 살아납니다.

당질 15g

식이섬유 4g

단백질 34g

 1인분
30~35분

냉동 대구살 1토막(120g)

시금치 70g

양파 30g

우유 100ml

소금 5꼬집
후춧가루 5꼬집
올리브유 2큰술
다진 마늘 1큰술
레몬즙 1작은술
(기호에 따라 가감, 생략 가능)

슬라이스 치즈 1장(20g)

파마산 치즈 가루 1큰술(생략 가능)

페퍼론치노 1작은술(생략 가능)

1 냉동 대구살은 해동한 후 키친타월에 올려 물기를 제거한다. 소금, 후춧가루를 앞뒤로 1꼬집씩 뿌려 밑간한다.

2 시금치는 2~3등분하고, 양파는 가늘게 채 썬다.

3 달군 팬에 올리브유(1큰술)를 두르고 대구살을 올려 중간 불에서 약한 불로 줄이면서 5분간 앞뒤로 노릇하게 구운 후 덜어둔다.

　└ 대구살의 두께에 따라 익히는 시간을 조절해요.

4 ③의 팬을 계속 달궈 올리브유(1큰술)를 더 넣고 다진 마늘, 양파, 페퍼론치노를 넣어 중간 불에서 1분간 볶는다. 시금치를 넣고 1분간 더 볶는다.

5 시금치의 숨이 죽으면 우유를 넣어 끓인다.

6 우유가 끓기 시작하면 슬라이스 치즈, 레몬즙, 소금(3꼬집), 후춧가루(3꼬집)를 넣어 중간 불에서 우유가 걸쭉해질 때까지 끓인다. 접시에 시금치 크림소스를 부은 후 구운 대구살을 올리고, 파마산 치즈 가루를 뿌린다.

마늘 버섯밥

다양한 버섯과 마늘을 넣고 지은 영양밥입니다. 재료 본연의 달짝지근한 맛을 건강하게 즐길 수 있어요. 양념장은 적당히 넣고 김치로 간을 맞춰 먹어도 좋습니다.

당질 70g

식이섬유 8g

단백질 12g

(1인분당)

 2인분
40~45분

쌀 140g

느타리버섯 100g

표고버섯 5개(100g)

팽이버섯 1봉지(80g)

마늘 60g(약 15개)

당근 40g

양념

대파 20g(또는 쪽파)
진간장 2큰술
다진 청양고추 약간(기호에 따라 가감, 생략 가능)
물 2큰술
참기름 1큰술
통깨 1큰술
다진 마늘 1작은술
후춧가루 3꼬집
고춧가루 약간(기호에 따라 가감)

1 느타리버섯은 가닥가닥 뜯은 후 2등분한다. 표고버섯은 모양대로 썬다. 팽이버섯은 밑동을 제거하고 2등분한다.

2 당근은 5cm 길이로 채 썰고, 대파는 송송 썬다.

3 쌀은 깨끗이 씻어 전기밥솥에 넣고 물은 쌀과 동량이거나 조금 적게 넣는다. 버섯, 당근, 마늘을 넣고 백미 취사(30분)로 조리한다.

  ㄴ 버섯에서 수분이 나오니 평소보다 물 양을 조금 적게 조절하세요.

4 작은 볼에 양념 재료를 모두 넣어 골고루 섞은 후 완성된 밥에 곁들인다.

보리와 오트밀을 이용한 버섯 리소토

입 안에서 톡톡 터지는 보리의 식감이 재미있는 리소토입니다. 식이섬유가 많은 버섯을 듬뿍 넣어 영양적인 측면도 고려했어요. 파마산 치즈를 곁들여 더욱 고급스러운 맛으로 즐겨보세요.

당질 63g

식이섬유 12g

단백질 23g

 1인분
30~35분

보리쌀 100g
(삶은 후 무게)

오트밀 2큰술

새송이버섯 2개
(100g, 또는 다른 버섯)

표고버섯 2개
(40g, 또는 다른 버섯)

올리브유 3큰술
다진 마늘 1/2큰술
소금 1/2작은술
(또는 액젓 1큰술)
후춧가루 1/2작은술

양파 30g

우유 200ml

파마산 치즈 가루 3큰술
(또는 슬라이스 치즈 2장)
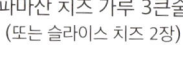

루꼴라 1줌
(생략 가능)

1   보리쌀은 물에 헹군 후 물기를 제거한다. 끓는 물에 넣고 15분간 삶은 후 찬물에 헹궈 물기를 제거한다.

2   새송이버섯, 표고버섯은 각각 1개는 잘게 다지고, 1개는 3cm 길이로 채 썬다. 양파는 잘게 다진다.

ㄴ 채 썬 버섯은 고명용으로 사용해요.

3   달군 팬에 올리브유를 두르고 다진 마늘, 양파를 넣어 향이 올라올 때까지 중간 불에서 볶는다.

4   표고버섯, 새송이버섯을 모두 넣고 익을 때까지 볶다가 채 썬 버섯들은 덜어둔다.

5   ④에 보리쌀, 우유, 오트밀, 소금을 넣고 중간 불에 잘 저어가며 우유가 거의 졸아들 때까지 익힌다. 파마산 치즈 가루, 후춧가루를 넣어 섞는다. 그릇에 담고 덜어둔 버섯, 루꼴라를 올린 후 기호에 따라 파마산 치즈 가루를 추가로 뿌린다.

무 굴밥

식이섬유가 많은 무와 영양가 높은 굴을 넣어 건강한 솥밥을 즐겨보세요.
요리 초보도 충분히 할 수 있는 방법입니다.
굴 자체에 짠맛이 있어서 양념장 없이 먹어도 맛있어요.

- 당질 58g
- 식이섬유 2g
- 단백질 24g

1인분
20~25분

현미밥 150g  굴 200g(중간 크기)  무 50g   다진 파 1큰술
참기름 2큰술

1 굴은 소금물에서 2~3회 흔들어 씻은 후 체에 받쳐 물기를 제거한다. 무는 가늘게 채 썬다.
2 달군 팬에 참기름(1큰술)을 두르고 굴을 넣어 중간 불에서 2/3 정도만 익힌 후 덜어둔다.
3 ②의 팬에 남은 국물은 버리지 말고 계속 달궈 무를 넣고 약한 불에서 2분간 더 볶는다.
4 뚝배기나 작은 냄비에 무, 밥, 굴 순으로 올린 후 참기름(1큰술)을 두르고 다진 파를 올린다. 중간 불에서 3분, 약한 불로 줄여 3분간 익힌다.

┗ 중간에 물기가 너무 없으면 가장자리에 물을 1~2큰술을 둘러줘요.

TIP
굴밥이 싱거운 분은 간장을 살짝 추가해 먹거나 김치로 간을 맞춰 드세요.

참치 두부덮밥

참치와 두부, 채소를 함께 볶아 밥 위에 올려 먹는 덮밥입니다.
전분물을 둘러 걸쭉하게 만들면 밥과 소스가 더욱 잘 어우러져요.
참치를 사용할 때는 체에 받쳐 기름기를 꼭 짠 후 사용하세요.

 1인분
20~25분

통조림 참치 1개(85g, 작은 것)

두부 40g

애호박 30g

물 250ml
다진 마늘 1작은술
굴소스 1큰술
가자미액젓 1/2큰술(또는 참치액젓, 새우젓)
후춧가루 2꼬집
참기름 1큰술

현미밥 150g (또는 보리밥)

표고버섯 1~2개(30g)

당근 20g

양파 30g

전분물

물 3큰술
감자 전분 1큰술

1. 통조림 참치는 체에 올려 숟가락으로 기름기를 꾹 눌러 짠다.
2. 두부는 사방 1cm 크기로 썬다. 애호박, 표고버섯, 당근, 양파는 잘게 다진다.
3. 냄비에 물, 참치, 두부, 애호박, 표고버섯, 당근, 양파, 다진 마늘, 굴소스, 가자미액젓을 넣고 중간 불에서 7~8분간 끓인다.
4. 작은 볼에 전분물 재료를 넣어 골고루 섞은 후 ③에 넣고 섞는다. 후춧가루, 참기름을 넣고 부족한 간은 소금으로 더한다. 그릇에 밥을 담고 덮밥 소스를 곁들인다.

미나리 문어덮밥

타우린이 풍부해 간 해독, 눈 건강, 콜레스테롤을 낮추는 데 도움을 주는 문어로 만든 영양 덮밥입니다. 향긋한 미나리를 듬뿍 넣고 달래 양념장에 쓱쓱 비벼 먹으면 그야말로 한 그릇 뚝딱이에요.

- 당질 72g
- 식이섬유 4g
- 단백질 36g

 1인분
 15~20분

현미밥 150g 
삶은 문어 130g 
미나리 60g 
달래 20g(또는 부추, 쪽파)

참기름 1큰술
통깨 약간

양념장

진간장 1큰술
고춧가루 1/2큰술
참기름 2큰술
후춧가루 약간

1 삶은 문어는 1.5cm 두께로 썬다.
2 볼에 문어, 참기름을 넣어 골고루 버무린다.
3 미나리는 2cm 길이로 썰고, 달래는 잘게 다진다.
4 그릇에 현미밥을 담고 미나리, 문어를 올린 후 통깨를 뿌린다. 작은 볼에 달래 양념장 재료를 넣어 섞은 후 곁들인다.

└ 기호에 따라 와사비를 곁들여도 좋아요.

발사믹 올리브 드레싱의 보리 샐러드

보리쌀과 병아리콩을 넣어 만든 샐러드로 포만감이 느껴지는 메뉴입니다.
알록달록한 컬러의 다양한 채소를 한입 크기로 썰어 상큼한 발사믹 드레싱을 뿌려 먹습니다.
파마산 치즈를 곁들여도 잘 어울려요.

당질 40g

식이섬유 6g

단백질 16g

 1인분
25~30분

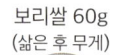 보리쌀 60g (삶은 후 무게)

파프리카 30g

삶은 달걀 1개

양파 30g

방울토마토 40g (또는 토마토)

루꼴라 1줌

오이 40g

삶은 병아리콩 40g

발사믹 올리브 드레싱

올리브유 5큰술
레몬즙 2큰술
(또는 식초)
발사믹 식초 1~2큰술
허브 솔트 1/2큰술
(또는 소금)
후춧가루 1/2큰술

1 보리쌀은 물에 헹군 후 물기를 제거한다. 끓는 물에 넣고 15분간 삶은 후 찬물에 헹궈 물기를 제거한다.
2 방울토마토, 오이, 파프리카, 양파는 사방 1cm 크기로 썬다. 삶은 달걀도 사방 1cm 크기로 썬다. 루꼴라는 2cm 길이로 썬다.
3 작은 볼에 발사믹 올리브 드레싱 재료를 넣어 골고루 섞는다. 그릇에 모든 재료를 둘러 담은 후 드레싱을 곁들인다.

TIP
기호에 따라 발사믹 드레싱에 알룰로스를 약간 더 해도 됩니다.

요거트 드레싱의 연어 샐러드

오메가-3 지방산이 풍부한 연어를 넣어 만든 건강한 샐러드입니다. 요거트 드레싱에 간 양파를 넣는 것이 특징이에요. 짜지 않게 만들어 넉넉히 뿌려 먹어도 좋습니다.

당질 21g

식이섬유 6g

단백질 40g

1인분
20~30분

연어 150g

양상추 1줌

양파 1/4개(50g)

방울토마토 4~5개

올리브유 2큰술
후춧가루 약간

요거트 드레싱
플레인 요거트 5큰술
간 양파 1/2큰술
레몬즙 1~2큰술
올리브유 5큰술
소금 1작은술
후춧가루 약간

루꼴라 1줌

오이 1개

블루베리 1줌

1. 양상추는 한입 크기로 찢고, 루꼴라는 2~3등분한다.
2. 방울토마토는 2등분하고, 양파는 채 썬다. 오이는 길게 2등분해 어슷 썬다.
3. 연어는 한입 크기로 썬다. 볼에 요거트 드레싱 재료를 넣어 골고루 섞는다.
4. 볼에 손질한 채소를 넣고 올리브유, 후춧가루를 넣어 버무린다. 접시에 모든 재료를 담고 드레싱을 곁들인다.

> **TIP**
> 설탕을 넣지 않아 단맛이 아쉽다면 드레싱에 알룰로스를 약간 추가해도 좋습니다.

1

2

3

4

문어 연어 세비체

세비체는 해산물을 회처럼 얇게 떠 레몬즙에 재워 먹는 지중해식 요리입니다.
루꼴라, 양파, 방울토마토에 올리브유와 새콤한 레몬즙 드레싱을 곁들이면
샐러드처럼 먹을 수 있습니다. 기호에 따라 좋아하는 해산물을 더 추가해도 됩니다.

- 당질 14g
- 식이섬유 3g
- 단백질 44g

1인분
10~15분

삶은 문어 100g

연어 100g (또는 광어회)

양파 20g(또는 샬롯)

루꼴라 1줌

방울토마토 5~7개

드레싱
올리브유 5큰술
레몬즙 3큰술
소금 1작은술
후춧가루 1작은술
딜 1줄기(생략 가능)
발사믹 식초 1~2큰술
알룰로스 1큰술

1 삶은 문어와 연어는 회를 썰 듯 얇게 썬다.

2 양파는 잘게 다진다. 방울토마토는 2~4등분한다.

3 딜은 잘게 다진다. 볼에 드레싱 재료를 넣고 골고루 섞는다.

4 접시에 문어와 연어를 얇게 펼쳐 담고, 루꼴라, 방울토마토를 올린다. 다진 양파를 위에 솔솔 뿌린 후 드레싱을 곁들인다.

루꼴라 달걀피자

밀가루 없이도 피자 맛을 느낄 수 있는 건강한 다이어트 피자입니다.
도우 역할을 하는 달걀물이 타지 않도록 약한 불로 익히는 게 중요해요.
버섯을 추가해 쫄깃한 식감을 더해도 잘 어울려요.

- 당질 10g
- 식이섬유 10g
- 단백질 38g

1인분
20~30분

토마토 300g

생새우살 6~7마리(60g)

루꼴라 30g

올리브유 3큰술
다진 마늘 1작은술
소금 2꼬집
후춧가루 2꼬집
파프리카 가루 1/2작은술(생략 가능)

페퍼론치노 1/2작은술(기호에 따라 가감, 생략 가능)

파마산 치즈 가루 약간(기호에 따라 가감)

달걀물
달걀 3개
맛술 1큰술
소금 약간
후춧가루 약간

1 토마토는 모양대로 1cm 두께로 썬다. 볼에 달걀물 재료를 넣고 골고루 푼다.

2 달군 팬에 올리브유(1큰술)를 두르고 다진 마늘을 넣어 1분간 중간 불에 볶는다. 마늘 향이 올라오면 생새우살, 소금(1꼬집), 후춧가루(1꼬집), 파프리카 가루, 페퍼론치노를 넣고 1분간 더 익힌 후 접시에 덜어둔다.

3 ②의 팬을 계속 달궈 올리브유(1큰술)를 두르고 토마토를 올린 후 소금(1꼬집), 후춧가루(1꼬집)를 뿌려 중약 불에 1분간 앞뒤로 살짝 익힌다.

4 토마토 사이사이에 ②를 올리고 달걀물을 부어 뚜껑을 덮고 약한 불에서 7분간 익힌다. 접시에 담고 루꼴라, 파마산 치즈 가루, 올리브유(1큰술)를 뿌린다.

TIP
유지기에는 슈레드 모차렐라 치즈를 올려 먹어도 됩니다.

들기름 닭가슴살 메밀면

다이어트 시에도 면은 포기할 수 없다는 분을 위한 메뉴입니다.
닭가슴살과 깻잎, 고소한 들기름 양념을 곁들인 메밀면입니다.
가볍게 만들어 먹기 좋은데 먹고 나면 포만감까지 느껴져요.

당질 93g

식이섬유 13g

단백질 47g

1인분
10~15분

메밀면 150g

깻잎 6~7장(14g)

시판 닭가슴살 100g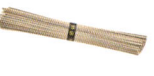

김가루 5큰술

양념
진간장 1과 1/2큰술
들기름 5큰술
알룰로스 1작은술
통깨 2큰술

1 끓는 물에 메밀면을 넣어 4~5분간 삶은 후 찬물에 헹궈 물기를 제거한다.

2 깻잎은 돌돌 말아 가늘게 채 썰고, 닭가슴살은 잘게 찢는다.

3 볼에 양념 재료를 넣어 골고루 섞는다.

4 그릇에 메밀면을 담고 깻잎, 닭가슴살을 곁들인다. 김가루를 뿌리고 양념을 부어 골고루 버무린다.

3~4주 차 저탄수화물 식

두부 달걀 그라탱

밀가루 대신 두부와 달걀을 넣어 만든 그라탱이에요. 전자레인지로 간편하게 조리할 수 있고
단백질과 식이섬유를 충분히 섭취할 수 있는 음식이지요.
슈레드 모차렐라 치즈를 약간 올려 녹여 먹어도 맛있습니다.

당질 12g

식이섬유 7g

단백질 33g

 1인분
20~25분

두부 1/2모(150g)　달걀 2개　양파 20g　시금치 2줄기 　올리브유 2큰술
후춧가루 약간

양송이버섯 2개
(또는 다른 버섯)

토마토소스
100g

파마산 치즈 가루 약간
(또는 슈레드 모차렐라 치즈)

1. 두부는 물기를 꼭 짠 후 볼에 넣어 으깬다. 양송이버섯, 양파는 잘게 다진다. 시금치는 3cm 길이로 썬다.
2. 달군 팬에 올리브유를 두르고 양파, 양송이버섯을 넣어 중간 불에서 살짝 볶은 후 덜어둔다.
3. 볼에 으깬 두부, 달걀을 넣고 골고루 섞는다.
4. 내열 용기에 ③을 붓고 볶은 양파, 양송이버섯, 시금치, 토마토소스를 순서대로 올린 후 후춧가루를 뿌린다. 전자레인지에서 5~7분간 익힌 후 파마산 치즈 가루를 뿌린다.

TIP
시판 토마토소스는 영양 성분표를 확인해 당 함량이 적은 제품으로 사용하세요.

채소 듬뿍 참치 두부전

기름으로 부치는 전도 어떻게 만드느냐에 따라 건강식이 될 수 있습니다.
단백질이 풍부한 두부와 참치에 각종 채소를 섞어 부치면 영양소를 채운 한 끼 메뉴가 됩니다.
향긋한 깻잎도 잘 어울리니 참치 두부전 위에 올려서 만들어보세요.

당질 18g

식이섬유 7g

단백질 46g

1인분
25~30분

부침용 두부 1/2모(150g)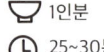

통조림 참치 1개(85g, 작은 것)

달걀 2개

양파 40g

대파 20g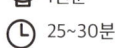

청양고추 1~2개 (기호에 따라 가감, 생략 가능)

파프리카 40g

아보카도유 1큰술 (또는 다른 식용유)

양념

부침가루 1큰술(또는 밀가루)
다진 마늘 1/2큰술
참치액젓 1/2큰술
(또는 가자미액젓)
맛술 2큰술
소금 1/2작은술
참기름 1큰술
후춧가루 1작은술

1 두부는 물기를 꼭 짠 후 볼에 담아 으깬다. 통조림 참치는 체에 올려 숟가락으로 기름기를 꾹 눌러 짠다.

2 파프리카, 양파, 대파, 청양고추는 잘게 다진다.

  ∟ 기호에 따라 당근, 버섯 등 좋아하는 재료들을 추가해도 좋아요.

3 볼에 두부, 참치, 준비한 채소, 양념 재료를 넣어 골고루 버무린다.

  ∟ 반죽의 질감이 묽으면 부침가루를 추가해요.

4 달군 팬에 아보카도유를 두르고 ③의 반죽을 원하는 크기로 올려 앞뒤로 굽는다.

  ∟ 녹두전처럼 크게 구워 잘라도 좋고, 한쪽 면에 깻잎을 한 장씩 올려 같이 구워도 향긋하고 다른 맛을 즐길 수 있습니다.

3~4주 차 당질제한식

시금치를 곁들인 닭다리살 스테이크

닭다리살을 통으로 구워 스테이크처럼 즐길 수 있는 메뉴입니다.
늘 먹던 닭고기도 이렇게 구워 먹으면 맛도 좋고 보기에도 근사한 요리가 됩니다.
닭다리살 대신 돼지고기 등심으로 대체해도 좋아요.

당질 10g
식이섬유 8g
단백질 56g

 1인분
30~35분

 닭다리살 200g

시금치 70g

토마토 1개
(또는 방울토마토)

소금 2꼬집
후춧가루 4꼬집
올리브유 5큰술
다진 마늘 1/2큰술

양념
진간장 1큰술
스테이크 소스 1큰술
굴소스 1/2큰술
올리고당 1/2큰술
후춧가루 1작은술
물 5큰술

1. 닭다리살은 기름을 제거하고 소금, 후춧가루 2꼬집씩을 뿌려 밑간한다. 시금치는 2등분하고, 토마토는 4등분한다.
2. 달군 팬에 올리브유(1큰술)를 두르고 닭다리살을 껍질 쪽부터 올려 중간 불에서 앞뒤로 바삭하게 약 15~20분간 익힌 후 덜어둔다.
3. ②의 팬을 계속 달궈 올리브유(1큰술)를 두르고 시금치를 넣어 숨이 죽을 때까지 살짝만 익힌 후 닭다리살 옆에 덜어둔다.
4. ③의 팬을 계속 달궈 올리브유(2큰술)를 두르고 다진 마늘을 넣어 향이 올라올 때까지 볶은 후 양념 재료를 넣고 약한 불에서 끓인다. 끓어오르면 불을 끈다. 닭다리살, 시금치 위에 끓인 양념을 붓는다. 토마토를 곁들이고 토마토에 올리브유(1큰술), 후춧가루(2꼬집)를 뿌린다.

3~4주 차 당질제한식

고추장 돼지고기 배추말이쌈

제육볶음을 좀 더 가볍고 건강하게 먹을 수 있는 레시피입니다.
구운 돼지고기에 고추장 양념을 발라 구운 후 익힌 알배추잎에 올려 대파채와 함께 말아
먹습니다. 늘 먹던 제육볶음과는 또 다른 건강하고 맛있는 요리예요.

당질
16g

식이섬유
5g

단백질
31g

 1인분
30~35분

알배추 8장

깻잎 8장

아보카도유 1큰술
(또는 다른 식용유)

소스
고추장 1큰술
진간장 1큰술
참기름 1큰술
다진 마늘 1큰술
알룰로스 1큰술
물 1큰술
후춧가루 3꼬집

돼지고기 불고기용
150g (앞다리살 등)

대파 40g

1 알배추에 물을 뿌린 후 내열 용기에 넣어 전자레인지에서 5분간 익힌다. 찬물에 헹군 후 물기를 꼭 짠다.

　ㄴ. 전자레인지 대신 찜기에서 8분 정도 쪄도 좋아요.

2 대파는 5cm 길이로 가늘게 채 썬다. 작은 볼에 소스 재료를 넣고 골고루 섞는다.

3 돼지고기는 먹기 좋은 크기로 썬다. 달군 팬에 아보카도유를 두르고 돼지고기를 올려 중간 불에서 앞뒤로 뒤집어가며 3분간 노릇하게 굽는다.

4 소스 1/2분량을 돼지고기에 골고루 바른 후 다시 중간 불에 3분간 구운 후 덜어둔다.

5 알배추 → 깻잎 → 돼지고기 → 대파를 올려 돌돌 만 다음 접시에 담는다. 남은 소스는 찍어 먹도록 곁들인다.

돼지목살 된장구이와 채소무침

된장 양념으로 감칠맛 나게 구운 돼지고기에 아삭하고 향긋한 채소무침을 곁들였습니다.
단백질과 식이섬유를 골고루 섭취할 수 있는 밸런스를 맞춘 한 끼 식사입니다.
함께 먹는 채소는 숙주나 쪽파 등으로 대체해도 좋습니다.

당질 49g

식이섬유 8g

단백질 51g

1인분
20~25분

현미밥 80g

돼지고기 목살 200g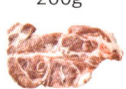

미나리 80g

콩나물 80g

양파 30g

된장 소스
된장 1/2큰술
진간장 1큰술
알룰로스 1큰술
다진 마늘 1/2큰술
참기름 1큰술
후춧가루 약간
물 2큰술

채소무침 소스
진간장 1큰술
가자미액젓 1/2큰술
식초 1과 1/2큰술
알룰로스 1큰술
고춧가루 1큰술
참기름 1큰술
다진 마늘 1/2큰술

1. 미나리는 4cm 길이로 썬다. 양파는 가늘게 채 썬다. 작은 볼에 된장 소스 재료를 넣고 잘 섞는다.
2. 끓는 물에 콩나물을 넣어 데친 후 찬물에 헹궈 물기를 꼭 짠다.
3. 달군 팬에 돼지고기를 올려 중간 불에서 앞뒤로 노릇하게 굽는다. 거의 익어가면 된장 소스를 발라가며 5분 정도 더 구운 후 접시에 덜어둔다.
4. 볼에 채소무침 소스 재료를 넣어 섞은 후 미나리, 콩나물, 양파를 넣고 골고루 버무린다. 접시에 돼지고기, 현미밥과 함께 올린다.

두유면 김치 비빔국수

밀가루면 대신 두유면을 사용하면 비슷한 식감으로 건강한 면 요리를 먹을 수 있습니다. 비빔국수의 매콤하고 새콤한 양념 맛과 잘 어울리는 채소를 듬뿍 넣어 한 그릇 푸짐하게 즐겨보세요.

- 당질 19g
- 식이섬유 17g
- 단백질 13g

1인분
10~15분

두유면 150g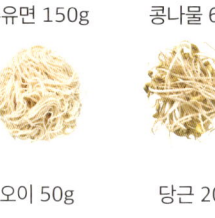
콩나물 60g
양배추 60g
통깨 2꼬집

오이 50g 
당근 20g 
김치 200g

양념

김치 국물 2큰술
고추장 1/2큰술
진간장 1큰술
식초 1큰술
알룰로스 1/2큰술
참기름 1큰술

1 두유면은 체에 밭쳐 물로 한 번 헹궈 물기를 꼭 짠다.
2 오이, 당근은 4cm 길이로 가늘게 채 썬다. 양배추도 가늘게 채 썬다.
3 끓는 물에 콩나물을 넣어 데친 후 찬물에 헹궈 물기를 꼭 짠다.
4 김치는 잘게 다져 볼에 담고 양념 재료와 골고루 버무린다. 접시에 채소를 돌려 담고 두유면을 올린 후 양념을 붓고 통깨를 뿌린다.

참치 두부면 고추장 파스타

두부면을 각종 채소와 소스에 버무린 건강한 파스타입니다.
고추장과 깻잎, 쪽파를 넣어 한식 느낌이 나는 파스타예요.
토마토소스에 고추장을 섞어 느끼하지 않고 맛이 개운해요.

- 당질 22g
- 식이섬유 6g
- 단백질 38g

1인분
30~35분

두부면 100g	통조림 참치 1개(85g, 작은 것)	팽이버섯 30g	대파 40g
	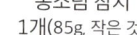 		

양파 30g	깻잎 10장(20g)	쪽파 1줄기	올리브유 2큰술 통깨 1작은술

소스

고추장 1큰술
진간장 1큰술
토마토소스 3큰술
다진 마늘 1큰술
후춧가루 1작은술
올리브유 5큰술
물 100ml

└ 기호에 따라 알룰로스 추가
 가능, 묽기는 기호대로 조절

1 두부면은 물에 한 번 헹궈 체에 받쳐 물기를 제거한다. 통조림 참치는 체에 올려 숟가락으로 기름을 꾹 눌러 짜낸다. 볼에 소스 재료를 넣어 골고루 섞는다. 팽이버섯은 가닥가닥 뜯어 2등분한다.

2 양파는 가늘게 채 썬다. 대파는 5cm 길이로 가늘게 채 썰고, 깻잎은 돌돌 말아 채 썬다. 쪽파는 송송 썬다.

3 달군 팬에 올리브유를 두르고 대파, 양파를 넣고 향이 올라올 때까지 볶는다. 참치, 소스, 두부면을 넣어 중간 불에서 5~7분간 볶는다.

4 물기가 조금 남을 때 깻잎, 팽이버섯을 넣어 2분간 더 볶는다. 접시에 담고 쪽파, 통깨를 뿌린다.

해물 들깨 옹심이

감자 전분으로 만든 시판 옹심이를 활용한 뜨끈한 국물 요리입니다.
해산물과 채소를 넣고 끓인 국물에 쫄깃한 감자 옹심이를 넣어 배부르게 먹을 수 있습니다.
들깻가루를 듬뿍 넣어 고소한 맛이 일품이에요.

- 당질 54g
- 식이섬유 8g
- 단백질 40g

1인분
25~30분

시판 옹심이 150g

다시팩 1개

모둠 해산물 150g
(생새우살, 오징어 등)

양파 30g

물 800ml
다진 마늘 1/2큰술
가자미액젓 1과 1/2큰술
(또는 참치액젓, 새우젓, 국간장)
들깻가루 2큰술
후춧가루 3꼬집

애호박 30g

당근 30g

대파 20g

1 양파, 애호박, 당근은 가늘게 채 썬다. 대파는 어슷 썬다. 모둠 해산물은 해동하거나 한입 크기로 손질한다.
2 냄비에 물, 다시팩을 넣고 중간 불에 5~10분간 끓인 후 다시팩을 건져낸다.
3 양파, 애호박, 당근을 넣고 5분간 더 끓인 후 옹심이, 해산물, 다진 마늘, 가자미액젓을 넣고 7~8분간 더 끓인다.
4 들깻가루, 후춧가루, 대파를 넣는다.

굴 매생이 떡국

바다향이 입 안 가득 퍼지면서 속까지 든든해지는 요리입니다.
일반적인 떡국에 비해 떡국 떡의 양은 줄이고 두부를 추가해 영양 밸런스를 맞췄습니다.
떡국 떡을 생략하고 매생이국으로 가볍게 즐겨도 좋아요.

당질 57g

식이섬유 2g

단백질 27g

 1인분
30~35분

굴 150g

건 매생이 2g

떡국 떡 100g

물 600ml
참치액젓 1큰술(또는 가자미액젓)
국간장 1큰술
참기름 1/2큰술

두부 50g

다시팩 1개

1 굴은 소금물에 담가 3~4번 헹군 후 체에 밭쳐 물기를 제거한다. 두부는 깍둑 모양으로 잘게 썬다.

2 냄비에 물과 다시팩을 넣고 센 불에서 끓여 끓어오르면 중간 불로 줄여 5분간 끓인다.

3 다시팩을 건지고 참치액젓, 국간장, 떡국 떡을 넣어 2분간 중간 불에서 끓인다. 떡이 어느 정도 익으면 굴, 두부를 넣고 중간 불에서 좀 더 끓인다.

4 굴과 떡이 다 익으면 건 매생이를 넣고 잘 풀어준 뒤 한소끔 끓으면 불을 끄고 참기름을 두른다.

닭안심 카레볶음밥

닭안심과 다양한 채소를 카레 가루로 볶아 만든 감칠맛 나는 볶음밥이에요.
재료는 집에 있는 자투리 채소를 활용해 자유롭게 넣어도 됩니다.
현미밥이나 보리밥을 사용하면 식이섬유는 물론 오독오독 씹히는 식감도 즐길 수 있습니다.

당질 57g

식이섬유 4g

단백질 28g

 1인분
15~20분

현미밥 100g
(또는 보리밥)

닭안심 150g
(또는 닭가슴살)

양파 60g

다진 마늘 1작은술
아보카도유 1큰술
(또는 다른 식용유)
굴소스 1/2큰술
카레 가루 1작은술
후춧가루 3꼬집

양념
올리브유 1큰술
카레 가루 1작은술
소금 1꼬집

표고버섯 2개
(40g, 또는 다른 버섯)

파프리카 20g

청양고추 1개
(기호에 따라 가감,
생략 가능)

1 양파, 표고버섯, 파프리카는 굵게 다진다. 청양고추는 잘게 다진다.

2 닭안심은 한입 크기로 썬 후 양념에 골고루 버무린다.

3 달군 팬에 아보카도유를 두르고 양파, 다진 마늘을 넣어 중간 불에 1분간 볶는다. 표고버섯, 닭안심, 카레 가루, 굴소스를 넣고 센 불로 올려 2분간 더 볶는다.

4 현미밥, 파프리카, 청양고추, 후춧가루를 넣고 2분간 더 볶는다.

3~4주 차 저탄수화물식

중국풍 해물덮밥

다양한 해산물을 마음껏 먹을 수 있는 한 그릇 요리입니다.
해산물과 각종 버섯, 배추 등을 볶은 후 전분물을 더해 걸쭉하게 만들어 밥에 올려 먹습니다.
매운맛을 가미하고 싶다면 고추기름을 약간 추가하면 됩니다.

- 당질 59g
- 식이섬유 5g
- 단백질 45g

 1인분
20~25분

| 현미밥 100g (또는 보리밥) | 모둠 해산물 200g (새우, 오징어, 관자 등) | 모둠 버섯 50g (표고버섯, 느타리버섯 등) | 아보카도유 2큰술 (또는 다른 식용유) 다진 마늘 1작은술 후춧가루 2꼬집 진간장 1큰술 굴소스 1/2큰술 참기름 1큰술 통깨 1작은술 | **전분물** 물 100ml 감자 전분 1/2큰술 |

배추 80g (또는 청경채)   대파 35g   파프리카 5g

1 모둠 해산물은 해동하거나 한입 크기로 썬다.

2 배추는 1cm 두께로 썰고, 대파는 5cm 길이로 채 썬다. 버섯은 한입 크기로 썰거나 가닥가닥 뜯는다. 파프리카는 5cm 길이로 채 썬다.

3 달군 팬에 아보카도유를 두르고 대파, 다진 마늘을 넣어 향이 올라올 때까지 볶는다.

4 해산물, 버섯, 채소를 모두 넣고 중강 불에서 빠르게 볶아 반쯤 익힌 후 진간장, 굴소스, 후춧가루를 넣고 1분 정도 더 볶는다.

5 작은 볼에 전분물 재료를 넣어 섞은 후 ④에 넣고 빠르게 섞는다. 참기름을 두르고 불을 끈다.
그릇에 밥을 담고 덮밥 소스를 부은 후 통깨를 뿌린다.

3~4주 차 저탄수화물식

태국식 새우커리

새우를 넣은 동남아식 커리로 우유 대신 코코넛 밀크를 넣어 달큰한 맛과 풍미를 더했어요.
코코넛 밀크는 필수아미노산과 미네랄 성분이 풍부한 식품입니다.
고수나 크러쉬드 페퍼를 곁들여 더욱 현지식처럼 즐겨보세요.

- 당질 55g
- 식이섬유 7g
- 단백질 37g

 1인분
 20~25분

현미밥 100g

홍새우살 6~7마리(150g)

달걀 1개

아보카도유 3큰술
(또는 다른 식용유)
다진 마늘 1/2큰술
카레 가루 2큰술
피시소스 1큰술
치킨스톡 1/2큰술
(기호에 따라 가감)

양파 40g

쪽파 20g

코코넛 밀크 150ml
(또는 우유)

1 양파는 가늘게 채 썰고, 쪽파는 5cm 길이로 썬다.
2 작은 볼에 코코넛 밀크, 달걀을 넣고 골고루 푼다.
3 달군 팬에 아보카도유를 두르고 다진 마늘, 양파를 넣고 중간 불에서 향이 날 때까지 1분간 볶은 후 카레 가루를 넣고 살짝 더 볶는다.
4 생새우살, 피시소스, 치킨스톡을 넣고 중간 불에서 새우가 반 정도 익을 때까지 볶는다.
    ㄴ. 기호에 따라 고춧가루나 크러쉬드 페퍼를 새우 볶을 때 조금 넣어도 좋아요.
5 ④에 ②를 부어 중약 불에 저어가며 익힌다.
6 쪽파를 넣고 달걀을 완전히 익힌다. 접시에 현미밥을 담고 커리를 곁들인다.

3~4주 차 지탄수화물식

구운 마늘과 스테이크 덮밥

구운 쇠고기와 마늘을 밥에 올려 먹는 메뉴입니다.
양파를 듬뿍 넣고 볶은 스테이크 소스 때문에 고기와 밥을 촉촉하게 먹을 수 있습니다.
달걀노른자를 터뜨려 밥과 섞으면 고소함이 배가됩니다.

당질 79g

식이섬유 4g

단백질 44g

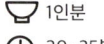 1인분
30~35분

 현미밥 120g | 쇠고기 150g (등심, 안심, 부채살 등) | 쪽파 20g

 양파 50g 마늘 50g(10~12개)

소금 2꼬집
후춧가루 2꼬집
올리브유 1큰술
맛술 2큰술
진간장 1과 1/2큰술(또는 쯔유)
스테이크 소스 1큰술(또는 돈까스 소스)
물 2큰술
버터 5g
달걀노른자 1개
후춧가루 1꼬집

1. 쇠고기는 한입 크기로 썬 후 소금, 후춧가루에 버무려 밑간한다. 양파는 채 썰고, 쪽파는 송송 썬다.
2. 달군 팬에 올리브유를 두르고 쇠고기, 마늘을 넣어 중간 불에 노릇하게 구운 후 덜어둔다.
   ┗ 고기 굽기는 기호에 따라 조절해요.
3. 다시 팬을 달궈 맛술, 진간장, 스테이크 소스, 물을 넣고 약한 불로 끓여 바글바글 끓으면 버터를 넣어 녹인다. 양파를 넣고 살짝 익힌다. 그릇에 밥을 담고 위에 양파 볶은 것, 쇠고기, 마늘을 올린 후 달걀노른자를 올린다. 쪽파, 후춧가루를 뿌린다.

TIP
기호에 따라 와사비를 곁들여도 잘 어울려요.
싱겁다면 진간장을 추가해서 간을 맞춰요.

고등어구이를 올린 해초밥

해조류는 각종 미네랄과 비타민, 식이섬유가 풍부해 적극 추천하는 식품입니다.
해초를 넣고 밥을 지은 후 고등어까지 곁들이면 영양 밸런스가 좋은 건강밥이 되지요.
밥에 쪽파를 올려 먹으면 밥맛이 더 깔끔해요.

- 당질 72g
- 식이섬유 19g
- 단백질 27g

 1인분
 40~45분

 쌀 70g

 순살 고등어 1/2마리(80g)

 표고버섯 1개 (20g, 또는 다른 버섯)

소금 2꼬집
쯔유 1큰술(또는 진간장)
맛술 1큰술
아보카도유 1/2큰술(또는 다른 식용유)
들기름 2큰술

 말린 모둠 해초 40g(해초 샐러드용)

 쪽파 2줄기

고등어 양념

맛술 1큰술
쯔유 1큰술(또는 진간장)
생강가루 1작은술(또는 다진 생강)

1 쌀은 물에 2~3번 헹궈 불린 후 체에 받쳐 물기를 제거한다. 말린 해초는 물에 담가 충분히 불린다.

2 고등어를 잘 씻어 물기를 제거한 후 앞뒤로 소금 1꼬집씩 뿌려 밑간한다. 표고버섯은 작게 깍둑 썰고, 쪽파는 송송 썬다.

3 전기밥솥에 쌀, 쌀과 동일한 양의 물(70㎖), 불린 해초, 표고버섯, 쯔유, 맛술을 넣고 백미 취사(30분)로 익힌다.

4 달군 팬에 아보카도유를 두르고 고등어를 올려 중간 불에서 앞뒤로 익힌다.

5 작은 볼에 고등어 양념 재료를 넣어 골고루 섞는다. 고등어가 거의 익으면 양념을 발라가며 앞뒤로 2분간 더 굽는다. 그릇에 해초밥을 담고, 구운 고등어를 얹고 쪽파를 듬뿍 올린 후 들기름을 두른다.

ㄴ. 기호에 따라 고등어 양념에 알룰로스를 조금 넣어도 돼요.

3~4주 차 저탄수화물식

된장 가지덮밥

몸에 좋은 가지를 돼지고기와 된장 양념으로 볶아 밥 위에 올려 먹는 한 끼 식사입니다.
일반 된장 대신 미소 된장을 사용하면 일식 풍미를 더할 수 있습니다.

당질
57g

식이섬유
9g

단백질
29g

1인분
20~25분

현미밥 100g
(또는 보리밥)

가지 1개

다진 돼지고기
100g

꽈리고추 20g

아보카도유 2큰술
(또는 다른 식용유)
참기름 1큰술
통깨 1작은술

된장 양념
다진 청양고추 1~2개
(기호에 따라 가감, 생략 가능)
송송 썬 대파 30g
다진 마늘 1큰술
된장 2큰술(또는 미소 된장, 쌈장)
맛술 2큰술
다진 생강 1작은술
물 6큰술
후춧가루 1/2작은술

1 가지는 길게 4등분한 후 벌집 모양으로 칼집을 낸다.
2 꽈리고추는 옆쪽에 칼집을 낸 후 2등분한다. 볼에 된장 양념 재료를 넣고 골고루 섞는다.
3 달군 팬에 아보카도유(1큰술)를 두르고 가지를 올려 앞뒤로 노릇하게 구운 후 덜어둔다.
4 ③의 팬을 계속 달궈 아보카도유(1큰술)를 두르고 다진 돼지고기를 올려 중간 불에 1~2분간 볶는다.
5 꽈리고추, 된장 양념을 넣고 2분간 더 볶는다.
6 가지를 넣고 약한 불로 줄여 1분간 더 익힌 후 참기름을 두른다. 밥 위에 담고 통깨를 뿌린다.

콩나물 김치밥

콩나물, 김치, 돼지고기를 넣어 고소하게 지은 밥입니다.
한 그릇에 여러 영양소를 모두 섭취할 수 있어 좋아요.
양념장에 청양고추를 더해 매콤하게 즐겨도 좋습니다.

당질 62g

식이섬유 9g

단백질 37g

 1인분
40~45분

쌀 70g

콩나물 200g

다진 돼지고기 100g

다진 마늘 1/2큰술
맛술 1/2큰술
참기름 4큰술

양념장
진간장 1과 1/2큰술
물 1과 1/2큰술
다진 청양고추 1개
(기호에 따라 가감, 생략 가능)
다진 파 5g
통깨 1작은술
후춧가루 3꼬집

표고버섯 2개(40g)

익은 김치 40g

1 쌀은 물에 2~3번 씻어 헹군 후 불린다.
2 다진 돼지고기에 다진 마늘, 맛술을 넣고 골고루 버무린다.
3 표고버섯은 2등분해 1cm 두께로 썰고, 익은 김치는 잘게 다진다. 볼에 양념장 재료를 넣어 골고루 섞는다.
4 냄비에 물(150ml)을 붓고 끓인 후 콩나물을 넣고 5분간 뒤적이며 삶는다. 익은 콩나물을 건져 찬물에 헹군 후 따로 둔다. 이때 콩나물 삶은 물은 버리지 않고 한 김 식힌다.
  ㄴ 콩나물을 삶을 때 냄비 뚜껑은 덮지 않아야 콩비린내가 나지 않아요.
5 달군 팬에 참기름(2큰술)을 두르고 돼지고기를 넣어 중간 불에서 반 정도만 익힌다.
6 전기밥솥에 쌀, 콩나물 삶은 물(70ml, 쌀과 동량), 돼지고기, 표고버섯, 김치를 넣고 백미 취사(30분)를 한다. 밥이 완성되면 섞어서 그릇에 담고 참기름(2큰술)을 뿌린 후 양념장을 곁들인다.

3~4주 차 저탄수화물식

우거지 비지찌개

콩비지에 돼지고기와 우거지, 김치를 함께 끓여 만든 찌개입니다.
돼지고기에 함유된 기름 때문에 비지찌개의 맛이 훨씬 부드럽습니다.
마지막에 들기름을 둘러 고소한 풍미까지 더하면 더 맛있게 즐길 수 있어요.

당질 21g
식이섬유 4g
단백질 26g

 1인분
 30~35분

콩비지 150g

돼지고기 70g (앞다리살, 목살 등)

우거지 40g (배추 삶은 것)

들기름 3큰술
다진 마늘 1/2큰술
후춧가루 2꼬집

김치 30g (또는 묵은지)

대파 20g

양념

물 200ml
김치 국물 3큰술
가자미액젓 2큰술 (또는 새우액젓, 참치액젓)

1 돼지고기는 먹기 좋은 크기로 썬다. 우거지, 김치는 한입 크기로 썬다. 대파는 송송 썬다.
2 달군 팬에 들기름(2큰술)을 두르고 돼지고기, 다진 마늘을 넣어 중간 불에서 2분간 겉면이 익을 정도로 볶는다.
3 ②의 팬에 우거지, 김치, 양념 재료를 넣고 센 불에서 5분간 끓인 후 중간 불로 줄여 15분간 더 끓인다.

  ㄴ 물 양은 콩비지의 묽기 정도에 따라 기호에 맞게 조절해요.

4 콩비지, 대파를 넣고 5분간 더 끓인 후 후춧가루, 들기름(1큰술)을 두른다.

골뱅이 비빔 해초면

시원한 맥주 한 잔과 먹으면 좋은 골뱅이 안주입니다.
각종 채소를 가득 넣고, 소면 대신 해초면을 사용해 보다 건강하게 즐길 수 있습니다.
다이어트로 지친 몸과 마음을 가볍게 날려보세요.

당질
23g

식이섬유
9g

단백질
38g

 1인분
20~25분

통조림 골뱅이 1캔
(작은 것 기호에 맞게 가감)

알배추 2장
(70g)

오이 60g

통깨 3꼬집

양념

진간장 1큰술
가자미액젓 1큰술
고춧가루 2큰술
알룰로스 2큰술
식초 2큰술
다진 마늘 1큰술
참기름 2큰술
후춧가루 1작은술

대파 40g

당근 20g

해초국수 100g
(톳, 미역, 다시마 국수 등)

1 통조림 골뱅이는 국물을 버리고 따뜻한 물에 헹궈 단맛을 제거한 후 체에 밭쳐 물기를 제거한다.
2 알배추는 1cm 두께로 채 썰고, 오이는 0.5cm 두께로 어슷 썬다.
  대파, 당근은 5cm 길이로 가늘게 채 썬다.
3 해초면은 물에 헹군 후 체에 밭쳐 물기를 뺀다.
4 큰 볼에 손질한 모든 재료를 담고 양념 재료를 넣어 골고루 버무린다. 접시에 담고 통깨를 뿌린다.

깻잎 육전과 미나리무침

막걸리가 생각나는 날 가볍게 즐기기 좋은 육전입니다.
육전용 고기는 기름기가 없는 부위라 다이어트에도 좋고 부담이 없습니다.
새콤한 양념으로 버무린 미나리무침을 곁들이면 더 맛있게 즐길 수 있어요.

당질 13g

식이섬유 4g

단백질 27g

1인분
20~25분

육전용 쇠고기 70g
(홍두깨살, 부채살)

깻잎 6장
(고기 숫자에 맞게 준비)

달걀 2개

고기 밑간

소금 8꼬집
후춧가루 5꼬집
참기름 1/2작은술
맛술 1작은술

미나리 50g
(또는 부추나 쪽파)

양파 50g

부침가루 20g
(또는 밀가루나 찹쌀가루)
소금 2꼬집
아보카도유 약간
(또는 다른 식용유)

미나리무침 양념

진간장 1/2큰술
식초 2/3큰술
알룰로스 1작은술

1 육전용 쇠고기는 키친타월에 올려 핏물을 제거한다.
2 미나리는 4~5cm 길이로 썰고, 양파는 가늘게 채 썬다. 작은 볼에 달걀, 소금 2꼬집을 넣고 골고루 푼다.
3 작은 볼에 고기 밑간 재료를 넣어 섞은 후 쇠고기에 골고루 바른다.
4 양념 바른 쇠고기에 부침가루를 앞뒤로 묻힌 후 달걀물을 입힌다.
5 달군 팬에 아보카도유를 두르고 쇠고기를 올린 후 깻잎을 1장씩 얹어 중약 불에서 앞뒤로 골고루 익힌다.
  ┗ 쇠고기의 크기에 따라 깻잎을 2등분해도 좋아요.
6 큰 볼에 미나리, 양파, 미나리무침 양념 재료를 넣고 무친다.

채소 고기말이찜

깻잎 위에 쇠고기와 팽이버섯을 올린 뒤 돌돌 말아 찜기에 쪄 먹는 메뉴입니다.
같이 쪄낸 배추, 시금치, 숙주를 고기말이와 곁들이면 배부른 한 끼 식사가 됩니다.
맛있고 근사해서 손님 초대 메뉴로도 좋아요.

- 당질 5g
- 식이섬유 5g
- 단백질 17g

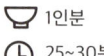 1인분
25~30분

 차돌박이 100g (또는 우삼겹)

 숙주 80g

 깻잎 9~10장

 알배추 50g

 팽이버섯 40g

 시금치 30g

양념장
진간장 1큰술
식초 1큰술
물 1큰술
청양고추 1개

1 팽이버섯은 밑동을 제거하고 가닥가닥 뜯는다. 알배추는 1cm 폭으로 채 썬다. 청양고추는 송송 썬다.

2 깻잎 → 차돌박이 → 팽이버섯 순으로 올려 돌돌 만다.

3 김이 오른 찜기에 숙주, 알배추, 시금치를 골고루 펼쳐 올린다.

4 ③의 위에 ②를 올려 중간 불에서 7~8분간 익힌다. 작은 볼에 양념장 재료를 넣고 섞은 후 채소 고기말이찜에 곁들인다.

가지 참치 라자냐

파스타면이 아닌 포두부를 이용해 건강하게 만든 라자냐입니다.
포두부 사이에 가지와 참치를 넣고 전자레인지에 돌리면 완성되는 아주 간편하고 맛있는
요리예요. 슈레드 모차렐라 치즈를 뿌려 폼나는 한 끼를 즐겨보세요.

- 당질 30g
- 식이섬유 8g
- 단백질 27g

 1인분
15~20분

가지 100g

포두부 2장(60g)

양파 50g

통조림 참치 1개 (85g, 작은 것)

토마토소스 200g

슈레드 모차렐라 치즈 20g

올리브유 2큰술
다진 마늘 1큰술
소금 2꼬집
후춧가루 2꼬집
말린 허브 약간(생략 가능)

1 가지는 5cm 길이, 0.5cm 두께로 썬다. 양파는 잘게 다지고, 통조림 참치는 체에 올려 숟가락으로 기름기를 꾹 눌러 짠다.

2 달군 팬에 올리브유(1큰술)를 두르고 가지를 올린다. 앞뒤로 소금, 후춧가루를 뿌려 중간 불에서 1분간 구운 후 덜어둔다.

3 ②의 팬을 계속 달궈 올리브유(1큰술)를 두르고 양파, 다진 마늘을 넣어 중간 불에서 1분간 볶는다. 토마토소스, 참치를 넣고 5분 더 볶는다.

4 내열 용기에 포두부 → ③의 소스 → 가지 → ③의 소스 순으로 겹겹이 쌓은 후 슈레드 모차렐라 치즈를 뿌린다. 랩을 씌우고 젓가락으로 구멍을 낸 후 전자레인지에 5분간 익힌다.

└ 이때 기호에 맞게 파마산 치즈 가루나 말린 허브가루를 뿌려요.

돼지고기 된장라면

인스턴트 식품이지만 돼지고기와 각종 채소, 버섯 등을 넣어 건강하게 즐길 수 있는 라면입니다.
튀긴 면 대신 건면을 사용하면 식감이 쫄깃할 뿐 아니라 몸에 나쁜 기름도 덜 섭취할 수 있어요.

- 당질 68g
- 식이섬유 4g
- 단백질 10g

1인분
10~15분

건 라면 1개

돼지고기 50g
(앞다리살나 뒷다리살)

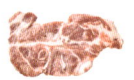

배추 50g

양념
물 600ml
된장 1/2큰술
라면 건더기 수프 1개
라면 수프 1/2개
다진 마늘 1/2큰술
고춧가루 약간(생략 가능)

표고버섯 2개
(40g, 또는 다른 버섯)

청양고추 1개
(생략 가능)

대파 30g

1 돼지고기는 한입 크기로 썬다.
2 배추는 1cm 두께로 채 썰고, 표고버섯은 모양대로 썬다. 청양고추는 송송 썰고, 대파는 어슷 썬다.
3 냄비에 물을 붓고 끓어오르면 돼지고기, 배추를 넣어 중간 불에서 5분간 끓인다.
4 된장을 풀고, 건 라면, 라면 건더기 수프, 라면 수프, 다진 마늘, 표고버섯, 청양고추를 넣어 5분간 더 끓인다. 대파, 고춧가루를 넣어 완성한다.

↳ 간은 남은 라면 수프로 기호에 맞게 조절하세요.

페퍼 새우

버터와 후추 양념이 매력적인 새우 요리입니다.
새우는 큼직한 것을 사용해야 잘 어울리고 껍질째 익혀야 감칠맛이 더 살아납니다.
고수를 곁들이면 동남아 풍미까지 더할 수 있어요. 양념에 밥을 비벼 먹어도 맛있어요.

당질
21g

식이섬유
3g

단백질
70g

 1인분
25~30분

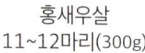 홍새우살
11~12마리(300g)

 다진 양파 40g

 다진 마늘 1큰술

버터 30g
물 100ml
후춧가루 2큰술
노추 2큰술(또는 진간장)
굴소스 1큰술
알룰로스 1큰술
고수 약간(생략 가능)

1. 김이 오른 찜기에 홍새우살을 올려 뚜껑을 덮고 중약 불에 10분간 찐다.
2. 달군 팬에 버터를 올려 녹인 후 다진 마늘, 다진 양파를 넣고 중간 불에서 1분간 볶는다.
3. 물, 후춧가루, 노추, 굴소스, 알룰로스를 넣고 중간 불에서 3분간 끓인다.
4. 찐 홍새우를 넣고 3분간 더 익힌다. 기호에 따라 고수를 올린다.

유치기

당절제한식

닭다리살 묵은지 볶음탕

닭다리살과 묵은지를 사용한 국물 요리로 얼큰한 맛이 일품이에요.
일반적인 닭볶음탕과 달리 닭다리살만 넣기 때문에 손이 덜 가고 익히는 시간도 짧아요.
기호에 따라 밥을 곁들여도 좋습니다.

당질
12g

식이섬유
14g

단백질
80g

1인분
25~30분

닭다리살 300g

묵은지 150g
(또는 익은 김치)

두부 1/2모
(150g)

양념

진간장 2큰술
가자미액젓 1큰술(또는 국간장, 참치액젓)
알룰로스 1/2큰술
후춧가루 1작은술
다진 마늘 1큰술
물 200ml

양파 100g

대파 50g

1 두부는 2cm 두께의 먹기 좋은 크기로 썬다. 양파는 한입 크기로 썰고, 대파는 5cm 길이로 썬 후 2등분한다. 묵은지는 한입 크기로 썬다.

2 닭다리살은 한입 크기로 썬다.

3 달군 냄비에 두부를 제외한 모든 재료와 양념 재료를 넣어 중간 불에서 끓인다. 끓어오르면 약한 불로 줄여 15분간 끓인다.

  ㄴ 물은 중간에 기호에 맞게 추가해도 좋아요.

4 ③에 두부를 넣고 5분 정도 더 졸인다.

> 스페셜 레시피

건강하고 맛있는
단백질셰이크&스무디
레시피 6

과일이 허용되는 3주 차부터 만들어 먹을 수 있는
단백질셰이크 & 스무디 레시피를 소개합니다. 단백질 파우더에
과일, 우유, 플레인 요거트, 얼음 등을 넣어 만든 건강한 음료예요.
바나나가 들어간 음료는 운동 전후에 먹기를 권해요.

당질 42g
식이섬유 2g
단백질 28g

당질 27g
식이섬유 2g
단백질 26g

블루베리 셰이크

단백질 파우더에 블루베리와 얼음을 넣고 갈아 만든 간단한 셰이크입니다. 블루베리의 컬러감이 더해져 보기만 해도 건강해지는 느낌이에요.

🥣 1인분
🕐 5분

블루베리 50g
스위치온 단백질 파우더 1포
우유 250ml
얼음 3알

1 유리컵이나 보틀에 우유, 스위치온 단백질 파우더를 넣고 골고루 푼다.

2 믹서에 모든 재료를 넣고 곱게 간다.

아이스 바나나 셰이크

단백질 파우더에 얼린 바나나를 넣어 시원하게 즐기는 셰이크입니다. 달달하면서도 고소해서 자꾸 먹고 싶은 맛이에요. 바나나는 얼려 넣지 않으면 식감이 곤죽처럼 되니 꼭 얼린 후 사용하세요.

🥣 1인분
🕐 5분

얼린 바나나 1개
스위치온 단백질 파우더 1포
우유 300ml

1 바나나는 3cm 두께로 썰어 얼린다.

2 유리컵이나 보틀에 우유, 스위치온 단백질 파우더를 넣고 골고루 푼다.

3 믹서에 모든 재료를 넣고 곱게 간다.

아보카도 블루베리 셰이크

🍚 1인분
🕐 5분

아보카도 1/2개
블루베리 50g
스위치온 단백질 파우더 1포
우유 200ml
얼음 3알

아보카도에 상큼한 블루베리를 곁들여 부담없이 즐길 수 있는 셰이크입니다. 부드러우면서도 크리미한 맛이 특징이에요.

1. 아보카도는 큼직하게 썬다.
2. 유리컵이나 보틀에 우유, 스위치온 단백질 파우더를 넣고 골고루 푼다.
3. 믹서에 모든 재료를 넣고 곱게 간다.

바나나 아보카도 스무디

🍚 1인분
🕐 5분

바나나 1개
아보카도 1/2개
스위치온 단백질 파우더 1포
우유 150ml
얼음 3알

꾸덕한 식감의 바나나와 아보카도로 만든 스무디입니다. 맛있는데 영양소까지 풍부해요. 셰이크처럼 부드러운 목넘김을 원하는 분은 바나나와 아보카도 양을 줄이고 우유를 늘리면 됩니다.

1. 바나나, 아보카도는 큼직하게 썬다.
2. 유리컵이나 보틀에 우유, 스위치온 단백질 파우더를 넣고 골고루 푼다.
3. 믹서에 모든 재료를 넣고 곱게 간다.

당질 29g
식이섬유 2g
단백질 17g

당질 21g
식이섬유 2g
단백질 24g

블루베리 요거트 셰이크

🥣 1인분
🕐 5분

플레인 요거트 100g
우유 30ml
블루베리 50g
스위치온 단백질 파우더 1포
얼음 3알

고소한 스위치온 단백질 파우더에 상큼한 요거트와 블루베리를 함께 갈아 새콤달콤하게 즐길 수 있습니다. 요거트는 단맛이 없는 무가당 요거트를 선택하세요.

1 유리컵이나 보틀에 우유, 스위치온 단백질 파우더를 넣고 골고루 푼다.
2 믹서에 모든 재료를 넣고 곱게 간다.

블루베리 요거트 아이스크림

🥣 1인분
🕐 5분

플레인 요거트 240g
블루베리 50g
우유 150ml

플레인 요거트를 얼린 후 믹서에 갈면 셔벗 질감의 아이스크림으로 즐길 수 있어요. 달콤한 간식이 생각날 때, 군것질하고 싶을 때 만들어 드세요.

1 지퍼백에 플레인 요거트를 담고 얇게 펴서 얼린다.
   ┕ **실리콘 얼음틀에 플레인 요거트를 넣고 얼려 사용해도 좋아요.**
2 얼린 플레인 요거트는 지퍼백 상태로 부순다.
3 믹서에 모든 재료를 넣고 곱게 간다.

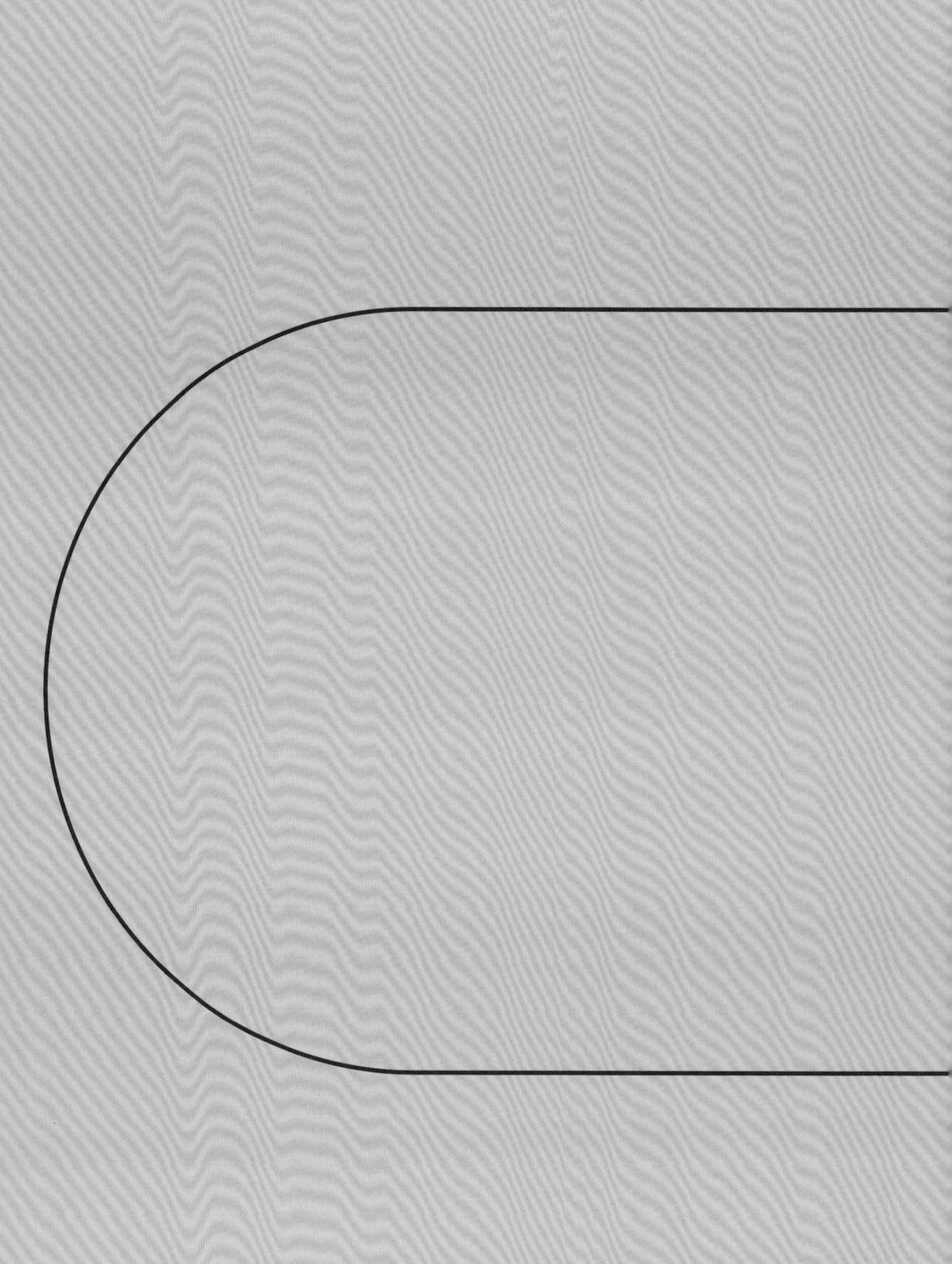

PART 3

4주 프로그램 후 건강한 라이프스타일 유지하기

프로그램을 제대로 끝냈다면 일상 활동으로 돌아가도
쉽게 체중이 늘거나 몸에 이상이 생기지 않습니다.
피곤을 느낀다든가 몸이 잘 붓는 등의 증상도 훨씬 덜할 거예요.
예전과는 달라진 몸으로 나만의 건강한 라이프스타일을 잘 유지해보세요.

다시 일상으로 돌아가기

4주간의 스위치온 다이어트가 끝나면 일상으로 돌아가는 유지기가 시작됩니다. 물론 4주 후에도 골격근 손실 없이 체지방이 계속 빠진다면 '3주 차' 혹은 '4주 차' 미션을 지속해도 됩니다. 하지만 체중과 체지방의 변화가 없거나 골격근이 계속 빠진다면 욕심내지 말고 유지기로 넘어가는 것이 좋습니다. 이미 안정시대사율이 떨어져 있기 때문에 욕심내는 만큼의 결과를 내기가 쉽지 않습니다. 최소 3주 이상 유지기를 가진 후 다시 스위치온 다이어트에 도전한다면 움직이지 않던 체중과 체지방이 다시 움직일 것입니다.

유지기에는 잘 챙겨 먹는 것이 핵심입니다. 떨어진 안정시대사율을 다시 회복해야 하기 때문입니다. 운동을 지속하고 신체활동량도 의식적으로 늘리려고 노력한다면 몸이 빠르게 추슬러지겠지요.

유지기에도 14시간 공복을 매일 실천하고 24시간 간헐적 단식을 시행한다면 체중은 쉽게 예전 수준으로 돌아가지 않습니다. 24시간 간헐적 단식은 1~3주에 1회 정도만 해도 됩니다(주 2회 이상은 스위치온 프로그램을 하는 동안에만 실천하길 권장합니다). 매일 아침 체중계 눈금을 확인해서 전날보다 체중이 늘었다면 식사량을 줄이는 것이 아니라 평소보다 신체활동량을 더 늘립니다.

유지기에는 이렇게 드세요

제가 단백질을 강조하다 보니, "유지기에 단백질은 얼마나 먹어야 되나요?" 하는 질문이 많습니다. 일반적으로 단백질 최소 요구량이 몸무게 1kg당 단백질 0.8g이에요. 하루 세끼에 매 끼니마다 단백질 음식이 포함된다면 일부러 단백질셰이크를 먹지 않아도 됩니다. 하지만 바쁜 일과를 보내면서 끼니를 챙겨 먹기 힘들다면 한 끼 정도 단백질셰이크를 활용해도 괜찮습니다.

제 경우 스위치온을 끝내고 일상으로 돌아가면 전날 저녁이 늦게까지 이어져서 다음 날 오전 11시 30분에 첫 끼니를 시작하는 날이 많습니다(14시간 공복을 지키기 위해서죠!). 그러면 오후 3시 30분~4시 사이에 미리 사둔 포케를 먹거나 편의점에서 달걀 2개와 두유를 구입해 먹습니다. 바쁜 날은 단백질셰이크를 두유나 우유에 타 먹기도 하지요. 그러고 나서 7시에 저녁 식사를 합니다.

탄수화물 섭취량은 신체활동량, 내 몸의 근육량, 나이에 따라 달라진다고 보면 됩니다. 활동이 많은 낮에는 자유롭게 먹어도 상관없지만, 저녁에는 조금 줄이는 게 건강에 좋겠지요. 중요한 건, 탄수화물의 총섭취량이 아니라 어떤 종류의 탄수화물을 먹느냐입니다. 좋은 탄수화물, 있는 그대로 재료의 본모습을 가지고 있는 탄수화물의 섭취를 권장합니다. 아울러 저녁에 탄수화물을 섭취했다면 밖에 나가 가볍게 산책을 하고 들어오면 식후 혈당 관리에 도움이 됩니다.

유지기에는 1주일에 한두 번 금기음식을 먹는 게 허용됩니다. 나쁜 상태의 몸에서 건강한 몸으로 돌아왔기 때문에 설탕, 밀가루 음식 등의 금기음식을 먹더라도 하루아침에 몸이 나빠지진 않습니다. 다만, 이런 음식들의 특징이 일단 입에 대면 자꾸 당긴다는 게 문제입니다. 탄수화물 중독이 있는 분들은 특히 주의가 필요합니다. 중독은 뇌의 보상시스템에서 도파민 분비를 자극하기 때문에 의지력을 넘어서는 강력한 힘을 발휘합니다. 특히 스트레스를 받거나 수면이 부족해지면 갈망이 더 심해집니다. 따라서 주말에 하루 치팅데이를 두고 그날 먹겠다고 미룰 수 있어야 합니다. 당연한 얘기지만 되찾은 건강한 몸을 생각한다면 예전처럼 많이 먹어서는 안 되겠지요.

영양제는 하루 중 언제 먹는 게 좋을까요?

우리 몸은 24시간을 주기로 작동하고 있습니다. 세포들은 우리가 자는 동안에도 끊임없이 산소와 영양소를 이용하여 일을 하고 있고요. 따라서 이론적으로 가장 좋은 방법은 균등하게 시간을 배분해서 복용하는 것입니다. 일반적으로 영양제는 식사와 함께 혹은 식후에 복용합니다. 비타민 B군과 C는 매 식사 후 복용하는 것이 가장 좋지만 편하게 아침과 저녁 식후에 복용하도록 합니다. 또한 영양제는 매일 먹는 것이 중요합니다. 규칙적으로 복용하지 않으면 효과가 떨어지기 때문입니다. 하루 두 번 이상 복용해야 한다면 작은 약병이나 용기에 넣어 다니면서 복용하도록 합니다. 하루 두 번 먹는 것이 귀찮거나 잘 잊어버린다면 차라리 아침에 한꺼번에 복용하는 편이 더 낫습니다.

두 번째 도전을
하고 싶다면

스위치온 다이어트를 하게 된 이유를 들어보면 사람마다 제각각입니다. 체지방율을 개선하고 싶어서 하게 됐다는 분부터 건강검진 결과에 충격을 먹고 시작했다는 분, 웨딩 촬영 때문에 하게 됐다는 분, 갱년기 건강관리에 좋다고 해서 하게 됐다는 분, 먹고 있는 약을 끊고 싶어서 도전했다는 분 등 각양각색입니다. 연령층도 다양합니다. 20대 MZ세대부터 70대 고령층까지 전 연령대에서 실천하고 있습니다.

그래서인지 유지기와 관련해서 질문이 다양하게 쏟아집니다. 특히 자신의 결과가 이러한데, 한 번 더 스위치온을 하려면 언제 다시 하는 게 좋은지를 많이 묻습니다. 정확한 타이밍은 자신이 정하는 것이지만 참고가 될까 싶어 두 가지 케이스로 설명을 드리겠습니다.

한 달 만에 건강한 몸을 되찾은 경우

저는 스위치온 다이어트를 지방간이나 인슐린 저항성으로 망가진 신진대사를 정상으로 돌려놓는 치료 프로그램이라고 표현했습니다. 망가진 내 몸을 건강한 몸으로 돌려놓는 '치료기'가 있고, 그게 끝나고 나면 일상 활동으로 돌아가는 '유지기'가 있는 것입니다. 내가 4주간의 치료기를 제대로 끝냈다면 일상 활동으로 돌아가도 쉽게 체중이 다시 늘어나거나 몸의 이상이 생기지 않습니다. 쉽게 피곤을 느낀다든가 몸이 잘 붓는 등의 증상도 예전보다 훨씬 덜할 거예요. 그러면 그렇게 일상생활을 하는 유지기를 보내면 됩니다. 시간이 지나면 조금씩 예전의 나쁜 습관으로 인해 야금야금 체중이 늘어나겠지요. 밤에 자꾸 음식이 당기고 달달한 간식도 찾게 되고요. 그러면 두 번째 도전을 시작할 타이밍이 온 겁니다.

한 달 만에 목표치를 달성하지 못한 경우

그런데 몸이 많이 망가진 분이라면 얘기가 달라집니다. 어떤 분이 한 달간 프로그램을 진행한 후 5kg 정도 빠지고, 컨디션도 전반적으로 좋아졌다고 해봅시다. 예전보다 몸이 나아졌지만 아직 만족할 만한 수준까지는 아니라면 계속 이어가도 됩니다. 꼭 한 달 만에 끝낼 필요는 없어요. 그렇게 두 달, 세 달 하면서 자신이 세운 목표를 달성해도 괜찮습니다.

하지만 프로그램을 하다 보면 나의 의지와 상관없이 더 이상 변화가 없는 순간이 옵니다. 그 순간에는 욕심을 버리고 다음 단계, 즉 유지기로 넘어가야 합니다. 이런 경우는 '아직 갈 길이 머니까 잠깐 쉬었다가 프로그램을 다시 해야지' 하고 종료하는 것이기 때문에 앞서 설명한 유지기와는 조금 차이가 있습니다. 그래서 이런 경우에는 유지기란 표현 대신 '준비기'라고 하는 게 맞을 듯합니다.

이때는 일상생활로 바로 돌아가는 게 아니라 잠깐 내 몸을 추슬렀다가 다시 할 '준비'를 하는 시간으로 생각해야 합니다. 신경 써서 잘 챙겨 먹으려 노력하고 운동도 꾸준히 합니다. 24시간 간헐적 단식도 주 1회만 합니다. 물론 주말 한 끼 치팅데이도 갖습니다. 이렇게 3주 이상 준비하면서 안정시대사율이 다시 회복되고 또다시 도전하고 싶은 의지가 차오르면 다시 스위치온 프로그램을 할 타이밍이 된 것입니다.

참고로, 저는 예전에는 체중을 기준으로 스위치온을 시작할 타이밍을 잡았습니다. 체중 70kg을 마지노선으로 잡고 70kg이 되면 무조건 스위치온 다이어트를 시작했습니다. 그런데 14시간 공복과 주 1회 24시간 단식을 일상으로 하다 보니 체중이

늘어도 70kg까지 가지 않더라고요. 그래서 요즘에는 더 건강한 몸을 위해 매년 1월 한 달간 스위치온 프로그램을 정기적으로 하고 있습니다.

저는 이런 루틴으로 살고 있지만 여러분들은 각자 나름대로의 라이프스타일에 맞는 플랜을 세우면 됩니다. '스위치온 다이어트'라는 치료 프로그램을 건강한 몸을 유지하는 하나의 방법으로 잘 활용한다면 삶의 행복을 만끽하면서 건강도 챙길 수 있는 일석이조의 효과를 충분히 누릴 수 있으리라 생각합니다.

> **두 번째 도전을 할 때는 몇 주 차부터 시작해야 하나요?**
>
> 많이 듣는 질문인데, 사실 그건 개인의 선택입니다. 정답은 없어요. 물론 원칙적으로는 첫 주부터 하는 게 효과가 가장 좋지만 필수는 아닙니다. 예를 들어 몸이 많이 망가졌다고 생각되면 첫 주부터 하는 게 좋고, 유지기를 잘 보낸 상태라면 2주 차부터 시작해서 3~4주 차를 계속 이어가도 됩니다. 결과에 조금 차이는 있을 수 있겠지만, 그리 큰 차이는 아니니까 주어진 여건 안에서 스트레스를 덜 받는 쪽으로 선택해서 해보세요.

과식하지 않는
식습관 들이는 법

　스위치온 다이어트를 할 때 저는 늘 포만감 있게 먹으라고 권고합니다. 다만, 여기에는 전제가 붙습니다. 건강한 음식을 포만감 있게 먹으라는 거지요. 그렇다면 어떤 음식을 과식하게 될까요? 식이섬유와 단백질이 부족한 음식들, 설탕과 흰 밀가루 음식, 그리고 고당과 고지방 범벅의 초가공식품이 여기에 해당됩니다.

　가급적 이런 음식들을 피해야 하고 먹더라도 양을 조절할 수 있어야 합니다. 과식은 결국 폭식으로 이어지고, 인슐린 저항성, 렙틴 저항성, 비만, 지방간, 당뇨병 등의 질병까지 불러일으킬 수 있으니까요.

　사람들은 어떤 경우에 과식을 하게 될까요? 스트레스를 지속적으로 받게 되면 과식하게 됩니다. 스트레스가 쌓이면 코르티솔이라고 하는 스트레스 호르몬이 계속 올라가게 됩니다. 뇌는 과항진되어 포도당을 더 찾게 되지요. 탄수화물 음식에 대한 욕구가 증가하는 겁니다. 그때 먹는 음식을 'Comfort Food'라고 하는데, 일시적으로 세로토닌을 높여주고 마음에 안정을 주는 음식이라는 의미입니다. 피자, 빵, 케이크, 초콜릿 등이 대표적인 Comfort Food이지요. 이런 음식을 많이 먹으면 혈당 스파이크나 반응성저혈당이 발생해 또다시 탄수화물 음식을 찾게 됩니다. 결국 탄수화물 중독으로 이어져 지방간, 인슐린 저항성, 만성염증 등의 대사이상을 초래합니다.

　건강한 몸을 만드는 일만큼 중요한 게 건강한 식습관을 유지하는 일입니다. 꾸준히 실천하면 도움이 되는 몇 가지 방법을 알려드릴게요.

적절한 식사량을 잘 유지하는 노하우

첫째, 스트레스를 받을 때 그걸 적절히 해소할 수 있는 나만의 해결책이 있어야 합니다. Comfort food를 찾으려는 유혹을 과감히 떨쳐버리기 위해서입니다. 운동, 명상, 산책, 음악 감상 등의 다양한 활동을 통해 스트레스를 쌓아두지 말고 바로바로 털어내야 합니다. 과항진된 뇌가 본능적으로 달달한 음식을 찾지 않도록 스트레스를 관리하는 것입니다.

둘째, 식사를 할 때는 먹는 순서를 챙깁니다. 채소나 단백질 음식으로 먼저 배를 채운 다음 탄수화물 음식을 먹는 것입니다. 이렇게 하면 탄수화물 음식을 먼저 먹을 때보다 음식의 총 섭취량을 줄일 수 있습니다. 연구 결과를 보면 음식에 단백질 함량이 상대적으로 많을수록 총 섭취 에너지가 감소할 뿐 아니라 다음번 식사까지 포만감이 오래 유지된다고 합니다. 반면, 탄수화물은 상대적으로 포만감이 적기 때문에 탄수화물 음식을 먼저 먹으면 내가 포만감을 느끼기 전에 과식해 있을 가능성이 높습니다. 채소와 단백질 음식을 먼저 먹는 식습관을 갖게 되면 과식의 위험을 줄일 수 있습니다.

셋째, 음식을 먹는 속도도 중요합니다. 급하게 허겁지겁 먹게 되면 내 몸이 생리적인 포만감을 느끼기 전에 과식할 수 있습니다. 천천히 먹어서 포만감 호르몬이 충분히 분비되도록 해야 합니다. 가급적이면 양념도 세지 않게 먹는 게 좋습니다. 짠 음식은 밥을 계속 부르니까요.

마지막으로 중요한 사실은 식사할 때 술을 곁들이면 과식합니다. 술 자체가 포만감 호르몬을 둔감하게 할뿐더러 억제력을 눌러서 평소보다 많이 먹게 만듭니다. 이렇게 평소에 쉽게 실천할 수 있는 가이드라인을 갖고 과식하는 습관을 막는다면 건강한 몸을 오래 유지할 수 있을 것입니다.

건강하게 과일을 먹는 요령

평소 과당의 위험성을 전파하다 보니 '밥보다 과일'을 외치는 사람들로부터 하소연이 많습니다. 특히 스위치온 다이어트를 하는 동안에는 과일 섭취를 제한하기 때문에 스트레스 받는 분들이 제법 많습니다. 과일은 식이섬유가 풍부하고 비타민, 미네랄, 파이토케미컬 등 건강에 유익한 성분이 많지만, 동시에 과당이 들어 있고 혈당을 높인다는 게 문제입니다.

일단 과일이든 밀가루 음식이든 어떤 음식의 섭취 여부를 말할 때는 그 음식을 먹는 사람이 건강한 몸인가 아닌가를 먼저 확인하고 판단해야 합니다. 지방간이나 인슐린 저항성 같은 대사이상이 없는 건강한 몸이라면 좋아하는 과일을 먹지 못할 이유가 있을까요? 하지만 복부비만이 있고 대사이상을 갖고 있는 몸이라면 얘기가 달라집니다. 과당이 들어 있고 혈당을 높이는 과일은 이런 사람들에게 독으로 작용할 수 있기 때문입니다.

특히 완경기 여성들은 젊은 여성들에 비해 대사증후군이나 당뇨병 발병 위험이 더 높기 때문에 더 조심해야 합니다. 젊었을 때처럼 과일을 마음껏 먹는다면 지방간과 인슐린 저항성에서 자유로울 수 없습니다.

그렇다면 과일은 어떻게 먹는 게 좋을까요?

혈당을 덜 올리면서 맛과 영양소를 챙겨라

우선 아침에 일어나자마자 빈속에 과일부터 먹는 것은 별로 권하고 싶지 않습니다. 혈당 스파이크를 일으키거나 하루 종일 혈당을 춤추게 하는 요인이 되기 때문입니다. 과일을 먹는다면 차라리 식사 중이나 식후에 먹는 게 낫습니다. 위장관에 어느 정도 음식이 찬 상태에서 과일이 들어오면 흡수도 좀 더디고, 혈당을 높이는 속도도 조금 떨어지겠지요. 아니면 운동 직전이나 직후에 섭취하는 것도 괜찮습니다. 운동 전에 탄수화물을 공급하게 되면 운동의 퍼포먼스를 조금 높일 수 있기 때문입니다. 운동을 끝내고 나면 근육에 비축해 있던 글리코겐이 에너지원으로 쓰인 상태니까 그다음에 들어오는 당은 근육에 비축될 수 있습니다.

과일을 단독으로 섭취하지 않는 것도 요령입니다. 채소에 과일을 넣어서 샐러드로 먹는다든지, 견과류나 치즈와 함께 먹는다든지, 플레인 요거트나 그릭 요거트 같은 단백질과 함께 먹는다든지 하면 상대적으로 과일만 먹었을 때보다는 혈당 상승을 억제할 수 있습니다.

한 가지 재미있는 사실은, 똑같은 과일을 먹어도 혈당 올라가는 속도가 사람마다 다르다는 점입니다. 바꿔 말하면 나한테 맞는 과일을 찾아서 먹으면 된다는 얘기입니다. 예를 들어 연속혈당측정기를 착용하고 과일을 먹었을 때, 혈당이 160mg/dL 이상 올라가거나 과일 섭취 전보다 50mg/dL 이상 상승한다면 이런 과일은 조심해야 하는 과일입니다.

익히 알려져 있습니다만, 저는 베리류 과일을 좋아합니다. 특히 아침 식사로 단백질셰이크를 마시면서 블루베리를 넣은 플레인 요거트나 그릭 요거트를 곁들여 먹는 것을 즐기는 편입니다. 좋아하는 과일을 먹고 싶다면 내 몸을 건강하게 만들어서 건강한 방식으로 즐기면 됩니다.

박용우 박사의
스위치온 다이어트 레시피북

초판 1쇄 발행   2025년 5월 25일
초판 5쇄 발행   2025년 10월 30일

지은이 박용우·김영아

펴낸이 장재순
펴낸곳 루미너스
주소 경기도 고양시 덕양구 동송로 30
전화 02-6084-0718
팩스 02-6499-0718
이메일 lumibooks@naver.com
인스타그램 @lumibooks_official | **블로그** blog.naver.com/lumibooks
출판등록 2016년 11월 23일 제2016-000332호

영양 감수 정성희(밝은영양클래식연구소)
요리 진행 및 편집 김민아
사진 & 스타일링 해피웨이브컴퍼니 김준영·전보라
디자인 onmypaper
인쇄 도담프린팅

ⓒ 박용우·김영아, 2025

ISBN 979-11-985533-7-9 13590

- 이 책은 저작권법에 따라 보호받는 저작물이므로 무단 전재와 무단 복제를 금지하며,
- 이 책 내용의 전부 또는 일부를 이용하려면 반드시 저작권자와 루미너스의 서면 동의를 받아야 합니다.
- 잘못된 책은 구입처에서 바꾸어 드립니다.
- 책값은 뒤표지에 있습니다.

한눈에 보는 스위치온 4주 식단표

1주	DAY1	DAY2	DAY3	DAY4	DAY5	DAY6	DAY7
아침	단백질셰이크	단백질셰이크	단백질셰이크	단백질셰이크	단백질셰이크	단백질셰이크	단백질셰이크
점심	단백질셰이크	단백질셰이크	단백질셰이크	저탄수화물식	저탄수화물식	저탄수화물식	저탄수화물식
오후 간식	단백질셰이크	단백질셰이크	단백질셰이크	단백질셰이크	단백질셰이크	단백질셰이크	단백질셰이크
저녁	단백질셰이크	단백질셰이크	단백질셰이크	단백질셰이크	단백질셰이크	단백질셰이크	단백질셰이크
허용식품	**채소류** 양배추, 방울양배추, 새싹채소, 가지, 무, 당근, 오이, 파프리카, 피망, 브로콜리, 아스파라거스, 콜리플라워, 양파, 파, 마늘, 고추, 콩나물, 시금치, 애호박, 우엉 등 **단백질 식품** 두부, 연두부, 포두부 **유제품** 당을 첨가하지 않은 플레인 요거트 **좋은 지방** 올리브유, 아보카도유, 코코넛오일, 들기름, 참기름, 아마씨유			1~3일 차 허용식품 +	**양질의 탄수화물** 잡곡밥, 보리밥, 현미밥, 흰쌀밥(반 공기) **해조류** 미역, 다시마, 톳, 감태, 김, 파래 **버섯류** 송이버섯, 표고버섯, 양송이버섯, 새송이버섯, 팽이버섯, 느타리버섯, 목이버섯 등 **단백질 식품** 콩비지, 생선, 생선회, 해산물(굴, 조개, 새우, 게, 가재, 오징어, 낙지, 문어 등), 달걀, 닭고기, 오리고기, 쇠고기, 돼지고기, 양고기 **씨앗류** 호박씨, 해바라기씨 **과일류** 아보카도 **기타** 식초, 후추, 강황, 고춧가루, 와사비, 바질, 시나몬, 레몬즙		

2주	DAY8	DAY9	DAY10	DAY11	DAY12	DAY13	DAY14
아침	단백질셰이크	단백질셰이크	단식	단백질셰이크	단백질셰이크	단백질셰이크	단백질셰이크
점심	저탄수화물식	저탄수화물식	단식	저탄수화물식	저탄수화물식	저탄수화물식	저탄수화물식
오후 간식	단백질셰이크	단백질셰이크	단식	단백질셰이크	단백질셰이크	단백질셰이크	단백질셰이크
저녁	당질제한식	당질제한식	당질제한식	당질제한식	당질제한식	당질제한식	당질제한식
허용식품	**1주 차 허용식품** + **견과류** 아몬드, 호두, 잣, 피스타치오, 피칸, 캐슈너트, 땅콩 **콩류** 완두콩, 강낭콩, 흰강낭콩, 렌틸콩, 병아리콩 등 **유제품** 천연치즈, 우유 **블랙커피** 오전에만 1잔						

3주	DAY15	DAY16	DAY17	DAY18	DAY19	DAY20	DAY21
아침	단백질셰이크	단식	단백질셰이크	단백질셰이크	단백질셰이크	단식	단백질셰이크
점심	저탄수화물식	단식	저탄수화물식	저탄수화물식	저탄수화물식	단식	저탄수화물식
오후 간식	단백질셰이크	단식	단백질셰이크	단백질셰이크	단백질셰이크	단식	단백질셰이크
저녁	당질제한식	당질제한식	당질제한식	당질제한식	당질제한식	당질제한식	당질제한식
허용식품	**1주 차 허용식품** + **2주 차 허용식품** + **채소류** 토마토, 방울토마토, 단호박, 고구마, 밤 **과일류** 블루베리, 라즈베리, 크랜베리, 딸기, 키위						

4주	DAY22	DAY23	DAY24	DAY25	DAY26	DAY27	DAY28
아침	단백질셰이크	단식	단백질셰이크	단식	단백질셰이크	단식	편하게 식사하기
점심	저탄수화물식	단식	저탄수화물식	단식	저탄수화물식	단식	
오후 간식	단백질셰이크	단식	단백질셰이크	단식	단백질셰이크	단식	
저녁	저탄수화물식	저탄수화물식	저탄수화물식	저탄수화물식	저탄수화물식	저탄수화물식	
허용식품	**1주 차 허용식품** + **2주 차 허용식품** + **3주 차 허용식품** + 종류에 상관없이 과일은 하루 1개 허용(안 먹어도 됨)